KB053791

여자를 위한

사장|수업

여자를 위한
사장 수업

1쇄 발행   2019년 8월 19일
3쇄 발행   2020년 1월 20일

지은이   김영휴
펴낸곳   다른상상
등록번호   제399-2018-000014호
전화   031)840-5964
팩스   031)842-5964
전자우편   darunsangsang@naver.com

기획   (주)엔터스코리아(책쓰기브랜딩스쿨)

ISBN 979-11-967111-5-3 03320

잘못된 책은 바꿔 드립니다.
책값은 뒤표지에 있습니다.

이 도서의 국립중앙도서관 출판예정도서목록(CIP)은 서지정보유통지원시스템홈페이지(http://seoji.nl.go.kr)와 국가자료공동목록시스템(http://www.nl.go.kr/kolisnet)에서 이용하실 수 있습니다.(CIP제어번호: CIP2019027002)

독자 여러분의 책에 관한 아이디어나 원고 투고를 설레는 마음으로 기다리고 있습니다. 이메일로 간단한 개요와 취지, 연락처를 보내주세요. 독자님과 함께하겠습니다.

교과서도, 정답도 없는 사장의 길을 가는 당신에게

여자를 위한
사장 | 수업

• 김영휴 지음 •

김영휴 대표의 글은 그 치열했던 삶만큼이나 열정으로 가득해 제게
도 에너지가 전해져옵니다. 18년 전 창업한 그녀가 여성 CEO로서 겪
었던 우여곡절이 지금의 여성 CEO들에게 영감이 될 것으로 생각하며,
남성에게도 힘든 창업의 길을 성공적으로 걸어온 김 대표가 후배들에
게 전하는 조언은 그래서 더욱 빛을 발하는지도 모르겠습니다. 사업을
준비하거나 이미 시작하여, 자기만의 길을 만들어가는 모든 여성들에
게 권합니다.

- 박영선(중소벤처기업부 장관)

많은 사람들은 어려움에 처하면 이를 해결할 수 있는 나에게 딱 맞는
비결이 있을 것이라 믿고 그것을 외부에서 찾으려고 한다. 그러나 비결
은 밖에 있지 않고 나에게 있다. 내가 포기하지 않고 뚫고 나가는 것이
비결이다. 그리고 이 책은 바로 내 안의 비결을 찾고 만들어온 김영휴
대표님의 경험담을 담고 있다.

- 이광형(KAIST 교학부 총장)

나는 창업을 두려워하는 사람이다. 실패하지 않을까. 역경에 무너지지나 않을까. 그래서 한 번도 창업 전선에 나서 본 적이 없다. 이 책을 읽고 나니, 조금은 두려움이 사라졌다. 이런 점에서 김영휴 대표는 창업의 응원가이자, 감정 경영의 메소드이다.

- 이규연(탐사저널리스트 · 앵커)

이 책은 육아에 지친 삶의 굴레를 벗어버리고 과감하게 창업 전선에 뛰어든 한 여성이 맨몸으로 부딪치며 터득한 생생한 생존 경험과 성공 이야기를 담고 있어, 꿈을 찾아 새롭게 도전하려는 여성들에게 큰 도움이 될 것이다. 철학을 전공한 저자가 내면의 성찰을 통해 체득한 그때그때의 감성과 깨달음을 담고 있다. 저자는 여성으로서의 걸림돌을 돌려서 디딤돌로 삼고 자신은 '힘듦을 잘 견디는 마법사'라는 주문을 외우며 헤쳐온 CEO의 길이 행복했었다고 말하며, 꿈을 찾는 여성들에게 자발적으로 고생의 길을 택할 것을 주문한다.

-양성광(연구개발특구진흥재단 이사장)

이 책에는 전업주부 김영휴가 CEO가 되어 자기 삶의 책임의 원인으로 사는 이유와 가치, 그리고 헤어웨어라는 이색 아이템으로 가치 혁신을 꾀하여 기업 경영의 핵심으로 삼고 브랜드 마케팅을 근간으로 삼아 18년여의 여성 벤처 CEO 생활을 각고하게 지나오며 깨달은 어록으로 가득하다. 녹록지 않은 여성 창업의 길에서 만난 수많은 문제들을 스스로 돌파하는 힘을 터득하여 지나온 경험을 나누는 내용으로, 창업의 길을 걸으며 다양한 문제를 만나는 이들에게 어떤 장애와 문제도 거뜬히 해결하는 혜안을 선물해준다.

- **조서환**(아시아태평양마케팅포럼 회장)

이 책은 성공한 여성 CEO 이야기를 넘어서 '가치 혁신과 브랜드에 전력투구한 경영인이자 마케터의 분투기'라고 확신합니다. 신기술만을 중시하는 기존의 혁신이 아니라, 기술에 참신한 아이디어를 접목해 아예 새로운 시장을 창출하는 것이 가치 혁신입니다. 김영휴 대표만큼 온몸으로 가치 혁신을 실천한 경영인을 보지 못했습니다. 마케팅 최후의

승부처는 결국 브랜드입니다. 남다른 의미와 상징으로 씨크릿우먼을 멋지게 브랜딩하여 제품을 팔지 않고 브랜드를 사게 만든 김 대표는 또한 탁월한 마케터입니다. 가치 혁신과 브랜드에 전력투구한 경영인/마케터의 이야기가 얼마나 울림이 큰지 이 책을 통해 확인하는 분이 많았으면 좋겠습니다.

- **황부영** (브랜다임앤파트너즈 대표)

아직도 이 세상은 여성들에게 가혹하다. 일터와 가정을 오가며 고군분투하는, 자기 삶의 주인으로 살아가거나, 창업가로 살아가고자 하는 여성들에게 이 세상은 친절하지 않다. 이 책에는 두려움에도 불구하고 한 걸음 더 나아가고자 하는 여성들이 간절히 답을 얻고자 하는 100개 넘는 질문들이 담겨 있다. 자기 삶의 최고경영자로 살아가는 여정 위에서 마주하게 되는 질문들이다. '이 두려움의 실체는 무엇인가?'

누구도 쉽게 답하지 못하고, 정해진 답이 없는 난해하고 무거운 질문들에 김영휴 대표는 말이 아닌 행동으로 답하기를 권한다. 〈여자를 위한 사장 수업)은 기꺼이 자신을 긍정하고, 직면해야 하는 문제로부터 도망치지 않고, 제약과 한계를 돌파하는 지혜를 나눠준다.

- 박영준(질문디자인연구소장, 〈혁신가의 질문〉 저자)

김 대표의 창업은 자신에게, 가족에게만 열려 있지 않고 같은 삶의 경로를 따르고자 하는 여성 창업자들에게 들려주고 싶은 내용으로 가득합니다. 김 대표는 여성 창업자가 아니라면, 일과 가정 생활 사이에서 갈등하고 고민하지 않은 경영자라면 도저히 알 수 없는 이야기를 들려줍니다. 많은 후배 여성들을 주인공으로 만들기 위해서 김 대표가 직접 책 속 주인공이 되어 나누는 창업의 이야기가 후배 여성들에게 많은 귀감이 될 것으로 확신합니다.

-백승권(글쓰기 전문 강사, 전 청와대 행정관)

경단녀, 철학 전공, 사양 산업, 제조업, 지방 기업…. 아무도 그녀가 이런 악조건을 넘어 씨크릿우먼을 대한민국의 대표적인 여성 기업으로 키워내리라고 생각하지 못했을 것이다. 창의적 발상과 혁신적 도전으로 세상의 모든 선입견을 무력화시켜온 그녀는 또 한 번 우리의 기대를 넘어서는 거대한 걸작을 만들어 낼 것이다. 그리고 그 그림 안에는 한국을 넘어 세계 무대에 선 그녀가 있을 것이다.

- 이영(전 한국여성벤처협회 회장, ㈜테르텐 대표)

이 책은 저자의 창업과 경영 경험을 솔직하게 풀어가면서 현실에서 부딪힐 수 있는 수많은 문제들에 대한 철학적이면서도 현실적인 해답을 제시하고 있다. 창업을 준비하면서 실패에 대한 막연한 두려움으로 망설이고 있는 분들과 특히 여성으로서 더 큰 현실의 벽에 부딪혀 고민하고 있는 분들에게 이 책을 추천하고 싶다.

-박미경(한국여성벤처협회 회장, ㈜포시에스 대표)

우리 모두는
이미 '나'라는 주식회사의 CEO입니다

-

인생은 아지랑이와 같다, 자세히 보지 않으면 사라지고 빛이 드리우면 안 보이고 만다고 누가 그랬던가요. 뭔가 마음먹은 대로 잘 돌아가지 않게 되면 '나 왜 이렇게 되었지'라고 생각하며 삶을 들여다보게 됩니다. 그러면서 우리는 삶의 전환점을 가지게 되기도 합니다. 제게는 그것이 창업이었습니다.

창업을 한 이후 참 많은 사람을 만났습니다. 특히 다양한 계층의 여성들을 만날 수 있었습니다. 젊은 대학생, 워킹맘, 싱글맘, 결혼 10~20년차 주부, 골드미스까지… 그들과 이야기를 나누며 위로와 격려, 응원을 받기도 했습니다. 하지만 그들의 이면은 고민으로 가득했습니다.

"일을 지속하고 싶은데 경력이 단절되고 꿈이 정체된 채 일상에 안주한 내 모습이 너무 우울해요."

"가사와 육아에 지치고 힘들어요."

"하고 싶은 걸 찾고 새롭게 도전해보고 싶은데 어떻게 해야 하죠?"

이렇게 저에게 조심스레 고민을 꺼내곤 하지만, 결국 각자의 현실에 부딪쳐 굳게 먹은 마음이 흔들리고 꿈틀거리던 꿈은 그냥 내려놓고 맙니다. 저는 그런 상황 속에 있는 사람들로부터 많은 질문들을 받게 되었습니다. "김영휴 당신은 어떻게 일과 가정생활을 양립하며 길도 없는 산업 생태계에서 첩첩산중의 길을 걸으며 일과 삶을 함께 지속 성장해올 수 있었나요?"

'나는 언제부터 꿈을 슬며시 내려놓았는가?' 생각했습니다. '여성은 지속 성장하는 삶, 일과 가정생활을 양립하며 경력 단절 없이 온전하게 생존하는 삶을 지속할 수 있을까.' 바로 이런 두려움들이 어느새 나의 꿈을 슬며시 접게 만들었습니다.

꿈 같을 것만 같던 결혼, 연습도 사전 학습도 없이 전업주부의 삶을 자원한 결혼. 내 삶에 어떤 변화를 가져다줄지, 그것이 어떤 의

미인지 뚜렷한 실체를 모른 채 감행한 결혼은 빠른 사회 변화 속에서 내 삶을 온통 혼란에 빠트린 사건이었습니다.

한 사람이 두 사람이 되어 살아가면서 바뀌어야 하는 룰도 제대로 학습하지 못한 채 계획과 기준을 세울 사이도 없이 아이도 둘이나 낳아 열심히 살고 있더군요. 이런 시간의 지속은 어느덧 우울감과 함께 불평불만으로 가득한 시간을 맞이하게 했습니다. 결혼 전에는 한 번도 예상하지 못한 상황이었습니다.

육아에 지쳐 내가 정말 하고 싶은 게 뭔지도 모른 채 일상에 찌들어가고 있는 내 모습. 누군가 나를 속박하는 것도 아니고, 아이들은 한없이 사랑스러웠지만 늘 주변과 타인의 눈치를 보며 삶이 우울하기만 했습니다. '뭐든 하고 싶다'고 생각했지만 개인적 희망과 현실의 부조화에서 오는 갈등을 어떻게 풀어야 할지, 어디서부터 어떻게 시작해야 할지, 어디 물어볼 곳도 마땅치 않았고 도움을 청할 누군가도 없었습니다. '인생이란 일기일회다'라는 말의 실체를 절감하며 인생에 대한 사전 학습과 내 삶에 준비가 되지 않은 무지한 나를 대면했습니다. 내 가슴에서 꿈틀대는 '나로 살고 싶다'는 욕구를 외면하고 싶지 않았습니다. 나 자신으로 온전히 서 있지 않을 때 나는 좋은 아내도, 좋은 엄마도 아니라는 사실 또한 깨달을 수 있었습니다.

전업주부를 자원한 나이니 남편이 현직에 있을 때야 서로의 역할 분담이라 여기며 견딘다 치더라도, 남편이 은퇴한 후에는 내 삶을 가꾸고 꿈꾸며 은퇴 없이 내 일과 삶을 지속 성장시켜 나갈 수 있는 '한 사람'으로서 존재하고 싶었습니다.

늦었다고 생각할 때, 아무것도 할 수 없다고 생각할 때 꿈을 꾸는 것은 인간 고유의 행동이며, 현실을 타개하기 위한 만사형통 해결 방안입니다. 즉 지금 내 삶의 갈등과 혼란을 해결하는 방법은 꿈을 꾸는 것입니다. 당장에는 고려해야 할 사항이 너무 많아 불가능해 보이는 것들도 미래에는 가능할 수 있기에, 꿈을 꾸기 시작하면 객관적으로 해결 방안을 찾게 되며 가능한 실행안을 모색하는 게 인간입니다.

그렇기에 현재를 직시하는 사람만이 현실의 문제를 해결할 기회를 찾게 되고, 문제를 돌파하게 됩니다. 저 역시 이렇게 삶을 직면하고, 삶을 즉시 조치 가능한 실행안으로 개선하며 살아야 한다는 생각을 행동에 옮겨 오늘에까지 오게 되었습니다.

2001년 창업하여 척박한 산업 생태계를 표표히 누비며 18년을 보낸 후 생각해보건대 마치 꿈과 상상이 현실로 이루어진 것처럼, 씨크릿우먼 기업과 70여 명의 직원 그리고 식구들을 볼 때마다 '꿈이야 생시야' 하는 생각에 가슴이 벅차오르곤 합니다. 조금씩 느림보 거북이처럼 한 걸음 한 걸음 걸어왔는데 어느덧 많은 직원들과 함께 꿈을 꾸고, 고객을 행복하게 만드는 일에 기여하고 있는 나 자신이 대견스럽고 기특하기만 합니다. 내가 나로 사는 것을 회복하였을 뿐인데 말이죠.

이 책에 있는 내용은 내가 나로 살며 얻은 자신감과 스스로 회복한 자존감, 만만하지 않은 산업 생태계에 멋모르고 뛰어들어 많은 좌절과 사투를 직면하며 얻은 깨달음들입니다. 잘나서도, 뛰어나서도, 특별한 재주가 있어서 쓴 것도 아닙니다. 또한 이 책의 이야기들이 다 정답이라고 할 수도 없습니다. 다만, 이 책을 읽는 사람들과 마찬가지로 저 역시 두렵고 막막한 상황이었으나 정면으로 직면하며 하나씩 돌파해왔기에 그것들로부터 얻은 생각과 경험을 공유하고 싶었습니다.

이 책을 통해 우리 모두는 있는 그대로 너무나 빛나는 비범한 존재들이며, 우리는 이미 태어날 때부터 이미 '나' 주식회사 대표이사로서 무엇이든 마음먹은 대로 할 수 있는 '무한한 가능성의 존재'라는 사실을 나누고 싶었습니다. 새롭게 도전해보고 싶지만 두려워서, 불안해서, 힘들어서, 책임지는 일이 무서워서 또는 알 수 없는 막막함 때문에 생각만 난무할 뿐 실행에 옮겨보지 못하는 분들에게 도움이 되기를 바라며 저의 지나온 경험담들이 그런 분들의 가슴속 꿈틀거리는 꿈에 다시 불을 지피는 계기가 될 수 있기를 바랍니다.

자기 인생의 주인이면서 주인이 아닌 관객으로 살아가는 분, 그러고 있는지조차도 모른 채 우울감으로 힘들어하시는 과거의 저 같은 분들과 함께 나누고 싶습니다.

2019년 8월
대전에서 김영휴

차례

PART 1

씨크릿우먼,
김영휴

여성들이 김영휴에게 묻습니다,

당신은 왜 CEO의 길을 선택했나요?

우리는 궁금합니다.
성공은 어떤 사람에게 주어지는 걸까요?
과연 나도 잘할 수 있을까요?
아니,
잘하고 있는 걸까요?

당신의 여정은 어떠했나요?

창업을 하고 20년 동안 기업을 운영해오면서 저는 수많은 질문을 받았습니다.

왜 하필 창업의 길을 선택했나요?

여성으로서 힘든 점은 없었나요?

그 힘든 여정을 어떻게 극복했나요?

…등등.

그때마다 걸어온 길을 되돌아보았고, 웃음과 눈물이 동시에 차오르는 걸 느꼈습니다. 저뿐만 아니라 지금도 자신의 기업을 일구어가는 수많은 여성 CEO들, 그리고 일과 가정의 양립을 위해 고군분투하는 모든 여성들이 비슷한 심정이리라는 생각이 듭니다.

매번 이러한 질문들에 '정답'보다는 '최선의 답'을 나누기 위해 노력했지만, 때때로 그것이 미흡하다 느낄 때도 있었고 돌아서면 아쉬운 마음도 많았습니다. 그래서 이 책의 첫머리에는 '김영휴'라는 사람에게 주신 그간의 질문을 추리고 답한 내용을 담아보려고 합니다. 이 책은 '여성'으로서 자신의 일을 하고 싶어 하는 사람들의 질문을 모으고 그에 대한 답을 정리한 결과이지만, 특히 1부에서는 질문과 답을 살려 저의 이야기를 나누려고 합니다.

프롤로그에서 이야기했듯 저의 모든 대답은 결코 정답이 아닐 수 있을 것입니다. 하지만 아무것도 없는 맨바닥에서 하나하나 직접 일구어 온 기업이기에 그 여정에서 얻은 크고 작은 경험을 나누는 것만으로도 독자들에게 보탬이 되리라 생각합니다. 이렇게 여러 면에서 역부족인 김영휴도 해냈으니 여러분도 충분히 할 수 있다는 것! 이 책을 통해 그 사실을 꼭 이야기하고 싶습니다. 언젠가 시간이 흘러 여러분 또한 저와 똑같은 질문을 받았을 때는 저보다 훨씬 훌륭한 답을 내어놓으리란 것도 믿어 의심치 않습니다.

여성으로서, 산업 현장에 뛰어들어 선의의 경쟁을 하고 나만의 길과 브랜드로 역사를 써나가는 일은 결코 쉽지만은 않습니다. 그러나 저는 여전히 '씨크릿우먼'을 생각하면 가슴 설레고 앞으로 그려질 미래가 기다려집니다. 이 짧은 페이지들에 모두 담지는 못하지만, 제가 걸어온 여정을 궁금해하는 이들에게 도움이 되길 바랍니다.

Q. 경제적 자립을 위해 창업의 길을
   선택한 이유는 무엇이었나요?

—

결혼 후 놀라운 사실 하나를 깨달았어요. "결혼 전에는 자유로웠던 내가 결혼을 하고 전업주부가 된 후 종속된 삶을 살고 있구나!" 하는 사실이었습니다. 남편이 날 고의적으로 종속시킨 게 아닌데, 왜 난 눈치를 보며 이렇게 살고 있을까? 그 이유를 생각해보니 스스로 경제적 자립이 되어 있지 않아서란 생각이 들었습니다. '난 있는 그대로의 나로 살고 싶은데, 왜 모든 일에 자유롭지 못하고 눈치를 보게 되는 걸까? 경제활동을 하지 않는 전업주부이다 보니 당연히 경제력을 가진 사람의 감정과 분위기를 살피게 되는 것이었습니다. 그런 시간이 지속되자 자연스럽게 몸도, 마음도 관계에 있어 종속되어가는 나를 보게 되었습니다. 아마 저와 같은 생각을 한 분들이 있을지 모르겠어요.

처음에는 사랑하니까, 부부니까 아내에게 돈을 준다고 생각했습니다. 그러나 어느 순간부터 모든 걸 종속적으로 사고하고, 그 사고 프레임에 갇힌 사고만을 하며, 꿈마저 그 경제력의 영역 안에서 꾸는 경험을 하게 되더군요. 그리고 그 영역을 넘어설 때마다 "안 돼!" 하며 스스로를 속박하고 있는 나 자신을 발견했습니다. 그리고 깨달았죠. '아… 자본주의 사회에서는 경제력이 관계를 만드는구나.' 결혼 전에는 미처 그런 생각을 하지 못했습니다. 돈이 우리 삶에 미치는 실제적인 영향을 처음으로 직면하게 된 것입니다. '부부는 동등한 동반 관계인데…. 전업주부 10년 새 달라져 있는 우리, 왜 이렇게 된 거지?' 당연히 그럴 수 있다고도 생각이 들었지만 전업주부의 삶을 탈출하고 싶은 욕망을 멈출 수 없었습니다.

그래서 생각했습니다. 사고의 종속으로부터 내 삶이 자율적이려면 자유롭게 할 수 있는 일을 찾아야겠다, 노력한 만큼 몰입한 만큼 대가를 얻을 수 있는 일을 해야겠다, 평생 퇴직이 없는, 그런 일을 해야겠다고 말입니다. 취업을 하면 언젠가는 퇴직을 하고, 그 후엔 또다시 누군가의 눈치를 살펴야 했기에 비록 고생을 할지라도 정년을 내가 정하고, 평생 일을 할 수 있으며, 자유로운 사고와 상상의 날개를 펼칠 수 있는 나만의 일터를 마련해야만 했습니다. 저에겐 그것이 바로 창업이었어요.

경제적 종속은 관계의 종속을 만든다.

Q. 사업을 시작하면서
가장 먼저 준비한 것은 무엇입니까?

—

다들 그러듯, 저 역시 처음에는 오직 '무엇을 할까, 어떻게 할까'에 대한 생각만을 했답니다. 먼저 '무엇을 할까'를 생각해보니, 평생 트렌드에 구애받지 않고 일하려면 인간의 삶과 영원히 함께할 수 있는 분야에서 아이템을 찾아야겠다 싶었습니다. 그렇다면 그것은 '의식주'가 아닐까? 평소 '왜 이런 건 없을까' 생각해오고 있었던 그것, '부분 가발'을 아이템으로 해보는 건 어떨까 하는 생각이 들었습니다.

하지만 만약 '가발'을 아이템으로 삼는다면 그건 인간이 멋을 내는 데 필요한 것이지 '의'에 해당하는 건 아니라는 생각에 부딪혔습니다. '가발을 패션 사업이 아닌 인간의 의생활 아이템으로 만들자!' 하고 생각했죠.

그래서 저는 굳이 '가발'이 아닌 '헤어웨어'를 만들었고, 그런 다음 이 아이템이 인간의 삶에 합당하고 인간과 끝까지 할 수 있을지 점검부터 했어요. 그리고 곧 확신이 들었죠. '그래! 헤어웨어가 단순히 단점을 보완해주는 가발 아닌 의생활로 존재할 수 있도록 하자!' 우리 회사의 경영 이념 또한 '인간의 새로운 의생활을 창조하는 기업과 제품, 헤어웨어'라고 정했습니다.

'무엇을 할까'를 정했으니 이제 '어떻게 할까'를 정해야 했습니다. 고민을 하던 저는 '내가 직접 소비자가 되어 나한테 이런 제품이 있으면 좋겠다' 싶은 걸 만들자 마음먹었습니다. 그리고 한 걸음 한 걸음 여기에 맞춰 앞으로 나아갔습니다. 유치원에서 초등학생으로, 초등학생에서 대학생이 되는 마음으로 가겠다, 하고 하나씩 준비를 하니 안 되는 게 없겠더군요. 좀 늦었을 뿐이지 틀린 건 아니었기에 차근차근 준비해나갈 수 있었습니다.

김 영 휴 의   한 마 디 :

우리는 태어날 때 이미 '나'라는 주식회사의 CEO이다.
창업은 내 안에 CEO 본능을 꺼내 사용하는 것뿐이다.

—

'헤어웨어'는 처음에는 제가 필요해서 만들기 시작했습니다. 제가 직접 활용해보니 만족스러워 남몰래 오랫동안 사용하고 다녔는데 타인들의 눈에 자꾸 띄면서 드디어 요청을 받게 되더군요. "그거 나한테도 좀 만들어서 주면 안 돼?" 이런 지속적인 요청을 받다 보니 "이거 한번 팔아볼까? 사업 아이템으로 시작해볼까?" 하고 생각하기에 이르렀습니다.

'이걸 필요로 하는 사람이 이렇게 많은데 왜 시중에는 안 파는 거지?' '그리고 보니 사람들은 멋을 낼 때 왜 머리를 띄워 '업'하는 걸까?' 그리고 보니 헤어스타일에 관련된 모든 제품들은 커트와 염색 빼고는 모두 머리 단장을 할 때 적절히 볼륨을 연출하는 기능이 전부라는 생각이 들더군요. 펌, 드라이, 고데, 스프레이, 모발 화장품 등에 대해 하염없는 생각을 하니 생각이 꼬리에 꼬리를 물고 이어져 몇 년을 지속하게 되었습니다. 그러다 보니 어느새 아름다움에 대한 인문학적 고찰로까지 진화하기에 이르렀죠.

'인간은 왜 서로 약속이나 한 듯 허기를 채우고 나면 아름다움을 추구하는가?' 이 사실에 꽂히면서 저는 '미(美)'와 관련된 제품의 시장성과 가능성을 염탐하고 있었습니다. '인간은 시각적 아름다움을 어필하는 데 왜 중력에 반하는 기능을 활용할까?' '미용 산업과 패션 산업, 뷰티 산업의 탄생은 언제부터였을까?' '이 산업이 추구하는 본질은 무엇일까?'

이런 생각을 지속하다 깨달음이 왔습니다. '패션과 뷰티 산업은 시선 권력(눈으로 보이는 것으로 가지게 되는 힘)을 추구하며 시선 권력은 중력의 법칙에 반하는 기능(위로 올라갈수록 강해진다)을 산업의 본질로 추구한다.' 따라서 인간이 미용실을 찾아 머리에 볼륨을 넣는 것 또한 중력을 거스르는 기능이라는 사실을 알게 된 것입니다. 그리고 쓴 듯 안 쓴 듯 티가 나지 않은 가발이 왜 산업으로서 패션 시장에 진입하지 못하는지를 직감했고, 조선시대의 가채가 추구하는 헤어스타일의 볼륨을 제품 컨셉으로 가져오기에 이르렀습니다. '이것이 씨크릿우먼의 헤어웨어다!' 하고 '탁' 불이 켜지는 느낌이었어요. 이후로 저는 볼륨이 추구하는 컨셉의 헤어패션 시장을 만들어가야겠다고 마음먹었습니다.

아름다움이란 인류의 영원한 가치라는 생각이 들었고, 사람들이 '그거 어디서 사?'라고 물을 때마다 이 아이템은 어쩌면 특별한 것이 될지도 모른다는 생각이 들었습니다. 그리고 앞으로 100세 시대가 되면 모두에게 꼭 필요하게 되리란 확신도 들었습니다. 여성들의 경우 과거에도 지금도 헤어스타일에 대한 남다른 애착을 보이고 가치와 의미가 있는 패션이라고 판단해왔습니다. 그러니 지금 내가 시작하지 않으면 안 될 것 같은 의무와 신념이 생길 수밖에요.

헤어웨어는 단순히 '필요'에 의해 선택하는 아이템이지만 여성들에게는 개인의 정체성을 넘어 신분 그리고 생존의 도구이기도 합니다. 결국 인간의 삶에 변화의 계기를 주는 아이템이라는 생각에 이르다 보니 고객의 삶의 질과 성장에 기여하는 패션이라는 확신이 섰고, 이 제품과 관련된 일은 평생 해도 될 것이라 생각했습니다.

더욱이 인간의 새로운 의생활인 헤어웨어가 패션의 새로운 장르가 된다면, 헤어웨어가 나이 듦으로 인하여 초췌해져 자신감을 상실한 한 여성의 삶에라도 변화를 주다면, 헤어웨어 패션이 여성들의 자존감을 회복하고 경제 활동을 연장하며 삶의 질을 유지하는 데 기여할 수 있다면 이 또한 인류 공영에 이바지하는 길이라 생각하며 신이 났습니다.

전업주부 시절, 경제 활동에 도전해보고 싶다는 야심찬 마음은 초라한 모습과 함께 시작 전부터 작아지고 있었습니다. 일은 하고 싶은데 방법은 없고 날마다 일하러 나가는 상상을 하며 제 모습을 단장하고 있더군요. 길을 걸으면서 당당하게 일터에 나가는 여성들의 모습이 그토록 아름답게 보이고 부러운 적이 없었습니다. '애들만 누군가 봐주면 나도 잘할 수 있는데. 잘할 수 있는데.' 혼잣말로 되뇌던 시간이 이어지다 어느새 제가 창업을 감행하고 있었습니다. 가발이 아닌 헤어웨어를 개발하기로 작정한 이유 또한 여기에 있습니다.

망가진 외모가 마음까지 망가지게 하는 요인이 되기도 한다는 걸 깨달은 계기가 또 있습니다. 여성들은 출산과 갱년기를 겪으며 자신의 의지와 무관하게 모습이 급변하는 시기를 경험합니다. 급격한 삶의 변화가 안팎으로 일어나는 시기에는 마음도 모습도 급격하게 변하며 혼란을 초래한다는 걸 알게 되었죠. 쉽고 빠르게 심신 양면 변화에 기여하는 제품이요, 패션이라면 영원히 인간과 함께할 의생활이 되겠구나 생각했습니다. 헤어웨어는 이런 고민 후 탄생한 작품입니다.

김 영 휴 의   한 마 디 :

삶의 변화가 모습을 변화시키지만
모습의 변화가 삶을 변화시키기도 한다.

Q. 사업을 할 때 가장 큰 걸림돌이 된 것은
   무엇이었습니까?

맨 처음 사업을 시작했을 때 주변 사람들의 질시와 "아줌마가 대체 뭘 한다고?" 하는 고정관념이 가장 힘들었어요. 사람들은 왜 해보지 않은 일에 도전하는 사람을 정상으로 보지 않을까. 왜 우리 사회에서는 여성들을 바라보는 시선에 편견과 고정관념이 이토록 과한 걸까. 사업 초기에 이런 생각이 정말 많이 들었습니다. 학교에선 분명 인간은 모두 존엄하고 평등하다고 배웠는데, 산업 생태계에선 '남성도 하기 힘든 사업을 여자가 어떻게 해?'라며 여성을 바라보고 평가한다는 걸 느끼면서 큰 충격을 받았던 것이죠.

물론 지난 18년 동안 사업을 해오면서 이러한 현상은 많이 나아지긴 했어요. 여전히 여성을 향한 가치 기준이 겉과 속이 다른 경우를 볼 때가 있는데, 이런 경우 안타까움을 느낍니다.

또 한 가지 힘들었던 것은 제가 선택한 제품이 기존에 사람들에게 잘 알려진 제품이 아니었기에 새로 시장을 만들어가야 한다는 사실이었습니다. 경기가 좋지 않다 보니 유통 채널이나 시장이 없다는 게 큰 장벽으로 다가왔습니다. 그때에도 그랬고 지금도 그렇고, 특히 이 업계는 단 한 번도 경기가 좋았던 적이 없더군요. 이렇게 시장성이 낮은 제품을 어떻게 팔지? 어떻게 극복할까?

이런 생각을 하다 올해는 경기가 어떻다, 내년에는 어떻다, 세계 경기가 어떻다, 호황이다, 불황이다 하는 예측에 귀를 기울이지 말고 경기 자체가 없다고 생각해버리자, 그리고 유통도 시장도 내가 만든다고 생각하자, 하며 일을 펼쳐나갔습니다. 어차피 내가 이 일을 시작하기 전에도 경기는 좋다 안 좋다를 반복하며 오늘에까지 왔을 테니 어떤 경우에도 살아남을 수 있는 전략을 만드는 게 살 길이란 생각이 들었습니다. 이런 상황은 어느덧 제가 최악의 시나리오에 대처하는 내공을 길러주고 있더군요.

Q. 그 걸림돌들을
어떻게 극복했습니까?

—

누구나 이런 걸림돌 앞에선 참 힘들죠. 저도 그래요. 하지만 조금 다른 게 있다면, 저는 '걸림돌'을 만났을 때 그것을 어떻게 뒤집어 보고 극적인 반전 시나리오를 쓸 것인가를 고민합니다. 그런 방식으로 걸림돌을 극복하면 그것은 오히려 디딤돌이 될 수 있거든요.

앞의 문제 역시 그랬습니다. 여성, 아줌마를 무시하는 시선과 기준을 바꾸어, '오히려 여성이기 때문에 더 잘할 수 있고 더 가치를 발할 수 있는 게 뭘까?' 생각하며 시나리오를 그렸어요. 여성들이 가진 많은 것들이 있잖아요? 포용력, 인내심, 여성만의 감성… 등.
이렇게 여성이 더 잘할 수 있는 부분을 비즈니스에 적용시켜 강점
을 발휘함으로써 오히려 디딤돌로 승화시킬 수 있었답니다.

　그리고 시장이 없고 경기가 변하는 것에 동요하는 것이 아니라
저만의 전략을 짜고 어떤 시장 상황, 어떤 경기에도 흔들리지 않고
팔릴 수 있는 제품을 만드는 것에 초점을 맞추고 앞으로 나아갔습
니다. 저에게 닥친 걸림돌은 오히려 '나만의 경쟁력'을 갖추는 디딤
돌이 된 것입니다.

김 영 휴 의 　한 마 디 :

　　반전 시나리오가 반전 상황을 만드는 각본이다.

Q. 창업한 것을 후회할 정도로
힘든 순간이 있었나요?

—

　　누구에게나 창업은 녹록지 않기에, 저에게도 역시 힘든 과
정이었어요, 매순간. 특히 내가 사장으로서의 품격과 면모를 갖추
고 있지 않았을 때 맞이하는 좌절들은 죽음에 가까운 절망이었죠.

시시때때로 그런 문제 앞에 봉착할 때면 후회도 되고 힘이 들기도 했습니다. 하지만 그런 힘겨운 과정 중에 깨달은 것이 있었어요. 내가 이렇게 힘든 것은, 철저한 사전 준비가 되어 있지 않고 창업을 하고서도 마음의 입지가 전업주부에서 프로페셔널한 사장으로 옮겨가지 않았기 때문이라는 사실이었습니다. 전업주부로서 산업 생태계에 머물면서 전문가로서 사장의 격과 룰을 가지고 있지 않았던 나를 보니 괜히 창업했다, 안 할 걸, 하는 생각으로 좌절하게 되었던 것입니다.

지금의 이 생각들은 물론 그 시간들이 없었다면 결코 오지 않았을 것입니다. 한 번쯤 꼭 있어야 했고, 어차피 통과해야 할 과정이었기에 창업 초기에 겪는 것이 오히려 낫다는 생각이 들더라고요. 옛말에 '어릴 적 고생은 사서 하라'고도 했잖아요. 창업 초기에 호의호식하고 나중에 어려움이 닥치는 것보다 초기에 힘들어도 그 과정을 빨리 통과하는 게 나을 테니까요. 특히 제 사업은 초기부터 사면이 다 어려운 상황이었기 때문에 '왜 하필이면 이런 종목을 선택했을까' 하는 생각도 들었지만, 지금은 얼마나 다행인지 모릅니다. 신의 선물을 받아서 사업하는 기분이랄까요. 어느 것 하나 쉬운 게 없는 길이었지만, 그렇기에 지금 이루어진 이 모든 것들이 신의 선물이 아니고 무엇일까, 생각이 듭니다.

내가 잘하지 못하는 것을 할 때,

사전 준비가 안 되어 있는 것을 할 때,

우리는 그것을 '힘들다'고 느낀다.

성취감이란 힘듦을 돌파하며 느끼는 감정이다.

Q. 힘든 그 순간을 버티고 넘게 한 것은
   무엇이었습니까?

—

　　　저는 저 자신을 '힘듦을 잘 견디는 마법사'라고 표현합니다.
누구나 힘든 상황을 견디는 건 어렵습니다. 그래서 저 역시 저만의
비법을 찾아낸 것일지도 몰라요. 그 마법이 무엇이냐고요? 바로 '상
황을 바꿔서 생각하는 습관'입니다. 힘든 상황이 오면 저는 늘 역설
적으로 그것을 뒤집어 생각해봅니다. '지금 내가 이렇게 힘든 건 더
나음으로 가는 여정이다.' '더 나음으로 더 많이 가려면 더 힘들어
도 된다.' '내가 죽지 않을 만큼의 힘듦은 내가 관통해야 할 대상이
지 피해야 할 대상이 아니다.'
　　　이런 생각과 더불어 내게 위로가 되었던 법칙 하나가 있답니다.

바로 "고통 총량 균등의 법칙"이죠. 즉, 신은 인간에게 같은 양의 고통을 준다는 것입니다. 누구나 행복과 고통의 총량을 똑같이 준다면 나중에 행복하기 위해서는 행복의 총량을 남겨놓고 고통의 총량을 감당해야 하잖아요? 요즘은 '소확행'이라 해서 매순간 행복하기만을 원합니다. 하지만 저는 지금 다 즐겨버리면 나중에 남아 있는 게 있을까, 싶더라고요. 오히려 소소하고 확실한 불행과 지금 내 앞에 놓인 좌절을 하나씩 없애가는 게 미래에 더 많은 시간을 행복으로 살 수 있다는 생각을 했지요.

그래서 사업 초기 힘든 시간을 보낼 때 직원들이 8시에 가면 저는 12시에 퇴근하면서, 오늘 다른 사람보다 고통의 총량을 5시간 줄이고 가자 생각했습니다. 그렇게 생각하니 늦은 시간까지 회사에 남아 열심히 일하는 내가 멋있게 느껴지더군요. '남들이 인생을 즐기고 노는 동안 일하는 나는 참 괜찮은 존재이구나.' 하고요.

이렇게 '역설적으로 생각을 반전하는 법'은 지금도 힘든 순간을 즐기는 마법이랍니다.

김 영 휴 의 한 마 디 :

힘들 때 기억하자.

나는 뭐든 할 수 있다는 가능성.

그리고 고통 총량 균등의 법칙.

행복이란 내 삶의 고통의 총량을 줄이고

행복의 총량은 남겨 놓는 것.
그리고 야금야금 꺼내 쓰는 것이다.

Q. 대표님은 늘 에너지가 넘쳐 보입니다.
　지치지 않는 비결은 무엇인가요?

　　—

　　특별한 비결이 있는 것은 아닙니다. 그러나 굳이 이야기하자면 힘들 때마다 '가장 판타스틱한 반전 리얼 시나리오'를 씁니다. '아 힘들구나.' 하고 힘듦을 힘듦으로 받아들이는 것이 아니라 반대로 극복하고 난 후 누릴 프리미엄을 상상해보는 거죠. '이렇게 힘든 상황을 누군가에게 의지하는 게 아니라 나 스스로의 힘으로 돌파해 나간다면 어떻게 될까? 우와, 그럼 내가 세상의 모든 문제를 돌파하는 마법사가 되는 거잖아? 그러면 나는 같은 상황이나 비슷한 상황이 왔을 때 절대 작아지지 않고 이겨낼 수 있는 문제 해결의 고수가 되는 것 아닐까?' 이런 생각을 반복적으로 하면 생각일지라도 힘든 상황도 어느새 사라지고 즉시 실행할 조치 계획으로 사전 준비를 하며 행복이 밀려옵니다. 사전 준비의 실행 시나리오는 두세 가지를 더 준비해두곤 하죠. 그리고 나면 다시 힘을 얻고 그다음으로 나갈 수 있게 되죠. 이렇게 즐겨 쓰는 상상의 시나리오가 항상 고갈되지 않는 에너지로 저에게 작용한답니다.

이 글을 읽는 분들은 이런 말을 되묻고 있지 않을까 예상됩니다. "말은 그럴싸하나 진짜로 그런가요?" 실감이 나지 않는다고요? 맞습니다. 그럴 수 있어요. 이해합니다. 자주 받는 질문이니까요.

다시 질문을 여러분께 돌려드립니다. 여러 가지 가능성과 시나리오를 실제로 실행해본 적이 있는지, 혹시 생각에만 그친 건 아닌지 여쭙습니다.

실제 즉시 조치 가능한 시나리오를 서너 가지 준비하게 되면 두려움이나 의구심보다 내 실행 전략을 테스트해보고 싶은 욕구가 앞서게 됩니다. 내 실행 전략을 이뤄보고 싶은 호기심이 불안이나 좌절에 대한 염려보다 커서 이미 실행에 옮기게 됩니다.

반전 실행 시나리오는 많을수록 좋고 다양할수록 성취율이 높으며 시나리오는 그 사람의 긍정성과 상상력에 의해 결정되며 실행 경험이 많을수록 그 시나리오도 다양해집니다.

많은 실패와 좌절의 시나리오도 반전 시나리오를 쓰는 데 1차 도구가 되기 때문에 경험이 없는 것보다 실패 경험이 있는 것이 훨씬 유익한 상황이기도 하고요.

힘든 상황을 탈출하는 방법이 너무 쉬워서 싱거운가요? 돈도 힘도 들지 않고 기분 전환까지 한 번에 가능한 만능 해결 방법입니다. 따라해보세요.

인생에서 좌절이란 다시 일어나는 연습을 하라고 준비된 게임이다.

Q. 무기력하고 뒤처지는 직원에게
  가장 필요한 건 무엇일까요?

—

  직원 중에서 그런 친구들을 보면 '자기 자신에 대한 가능성을 발견하게 해주는 계기'를 만들어주세요. 제가 이렇게 말하면 "그걸 어떻게 만들어주죠?" 하고 물을지 모릅니다. 물론, 무엇을 해도 무기력한 사람은 무기력한 생각과 무기력한 이야기를 가지고 있습니다. 부정적인 생각을 하고 늘 안 되는 이야기를 하는 경우가 많죠. 그런데 분명 똑같은 상황에서도 암울한 시나리오를 쓰는 사람이 있는가 하면, 환상적인 시나리오를 써내려가는 사람도 있답니다. 어차피 시나리오는 상상일 뿐이니 이왕이면 환상적인 걸 선택하고 사는 게 좀 더 즐겁지 않을까요?
  물론, 이것은 저의 개인적인 생각이고 정답일 수 없지만 저는 이렇게 쓴 시나리오가 현실이 되는 경험을 정말 많이 했어요. 탁월한 나도 나이고 무기력한 나도 나이지만, 그 무기력함으로 방치되고 체념한 자신의 모습이 '가능성 있는' 상황으로 바뀐다면 어떤 일이 일어날까, 이런 시나리오를 써보는 건 현실을 바꿔놓을 수 있는 중요한 계기가 된답니다. 부정적인 생각에 많이 사로잡힌 사람은 시나리오를 쓰는 것 자체를 힘들어하지만, 이때 타인의 격려가 필요합니다. 친구나 직원이 이런 문제에 처해 있다면 그가 성장할 수 있도록 동력이 되어주세요.

신나는 시나리오를 쓸 수 있도록 기운을 북돋아주고, 그 시나리오가 현실이 될 수 있다는 사실을 이야기해주세요. 물론 그것이 현실이 되는 데는 과정이 필요하겠지만 그 과정 속에 당신이 힘이 되어줄 수 있다는 걸 충분히 이해시켜준다면 용기를 얻지 않을까요?

무기력하게 뒤처지는 사람에게 필요한 건 부정적인 상상 시나리오가 아니라 긍정적인 상상 시나리오를 키워주는 역할인 것 같습니다.

김영휴의 한마디 :

생동감 있는 나만을 나라고 인정하고 싶어 하고
무기력한 나는 나라고 인정하고 싶어 하지 않는다.
그러나 엄밀히 보면
무기력한 나도 나이고, 생동감 있는 나도 나다.
무기력한 나를 생동감 있는 나로 변화시킨다면

Q. 조금만 실수하고 넘어져도 포기하고 싶어 하는
   직원에게 어떤 식으로 용기를 주시나요?

—

넘어지고 일어서기를 반복하는 게 모두 허사는 아니라고
말하고 싶어요. 그런 과정을 통해 넘어지지 않는 근육과 넘어져도
무작정 나자빠지지 않는 근력이 길러지고 있을 테니까요. 그리고
포기하고 싶은 마음을 가만히 들여다보면 그것을 통해 얻고자 하는
게 자신을 좀 더 나은 삶으로 가져다줄지, 아닐지를 분별할 수 있을
것입니다. 아마도 아닐 가능성이 높겠지요.

내가 누구인지, 어디에 서 있는지를 들여다보는 것은 중요합니
다. 그것은 내가 미래의 가능성을 열어갈 입지에 있는지, 아닌지를
깨닫게 해주기 때문입니다. 만약 포기하고 싶고 계속 좌절하고 있
다면 자신이 어디에 서 있는지 바라보고, 선택하세요. 어떤 삶이든
정답은 없으니 모두 자신의 몫이자 선택입니다. 그래서 자신의 삶
이 진화하지 않는 시공간 속에 있다는 걸 알게 되었는데도 그곳에
있길 원한다면 방법이 없습니다. 하지만 더 나은, 성장하는 삶의 입

지로 옮겨가고 싶다는 욕구가 있다면 가능성을 얻을 수 있습니다.

다음 그림을 한번 볼까요?

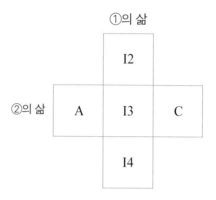

만약 1의 삶의 입지에 있다면 그다음은 14로 나아가는 것이고, 2의 삶의 입지에 있다면 C로 나아가게 될 것입니다. 서 있는 사람의 마음 입지에 따라 B가 되기도 13이 되기도 하는 것입니다.

함께 일하는 직원이 종종 이야기합니다.

"이 일은 정말 너무 힘들어서 못하겠어요."

네, 그럴 수 있습니다. 하지만 저는 그렇게 이야기하는 팀원에게 물어봅니다.

"정말 이 일을 극복하고자 하는 마음이 있나요? 아니면 그냥 힘들다고 이야기하는 건가요?"

저의 질문은 마음의 실체를 들여다보라는 뜻이기도 합니다. 어떤 일이든 그것을 극복하고자 하는 마음 위에 서 있다면 그 대상은 나를 성장시키는 것이 될 것이고, 그 마음이 빠져 있다면 그 일은 그저 고난과 역경의 대상이 될 뿐입니다.

'힘들어서 포기하고 싶어', '이 일은 그냥 안 하고 싶어', '못하겠어' 하며 극복해야 할 대상을 바꾸어가며 성장하는 것보다, 나를 변화시켜가며 성장하는 것이 더 현명한 이유가 바로 이것입니다. 원래 준비되어 있지 않은 일, 잘 모르는 일은 늘 두렵고 힘든 법이거든요. 그것을 극복하고자 하는 마음이 내게 있다면 그것은 마냥 '힘든 일'이 아니라 '나를 성장시키는 대상'이 될 것입니다. 앞의 그림에서처럼 비로소 우리는 C가 아니라 14로 나아가는 발돋움을 하게 되는 것입니다.

김 영 휴 의 한 마 디 :

선수가 고수 되는 비법은 연습뿐이다.
고수란
자유와 여유로움으로 자신의 삶을
스스로 선택하고 주도하는 사람이다.

—

창업을 한 후 5년까지는 잘한 것 같기도 하고 잘못한 것 같기도 했습니다. 하지만 5년이 지나는 순간, 고생을 해도 좋다 싶으면서 사업을 하길 참 잘했다고 느껴졌습니다. 우리가 흔히 말하는 '고생'이란, 내가 여러 상황에서 맞이하는 좌절, 절망감들입니다. 내가 잘하지 못해서 느끼게 되는 상대적인 중압감, 위압감, 이런 것들이 내게 불행으로 느껴졌다는 사실을 알게 되니 고생과 힘듦을 자원하게 되었습니다. 그 좌절과 절망을 정면으로 돌파하며 문제 해결의 근육이 생겨가기 시작하더군요. 이 사실을 깨달은 이후 '힘듦아 다 와라! 내가 다 해결해줄게!' 하는 마음으로 사업의 문제들을 돌파하게 되었습니다. 해결할 거리가 눈앞에 놓여 있는 이 여정이 지금도 다행이구나 싶은 마음이고 참 좋습니다.

인간 삶의 진화와 변화는 여러 가지 다양한 동인에 의하지만 모습이 바뀌어 내면이 바뀌는 경우도 있고 내면의 변화로 모습이 바뀌는 경우도 있습니다. 인간은 생존을 위해 더 나은 변화를 거듭하며 불로장생을 꿈꾸는 본능을 가지고 있습니다. 모습의 변화를 삶의 변화로 쉽게 활용하며 거듭하는 분들이 생각보다 많다는 사실은 패션 산업의 급성장이 증명해줍니다.

이 사실을 알고 헤어웨어의 잠재적 시장성 예측을 하기에 이르렀습니다. 사람들이 그다지 중요하지 않다고 생각하면서도 실은 날마다 헤어스타일과 패션에 에너지와 시간과 비용을 들이고 있으며, 그래서 그 산업이 호황이라는 '불편한 진실'을 마주하고 창업을 하기로 마음먹게 되었습니다. 그 이후 꼬리에 꼬리를 무는 생각에 잠기곤 했습니다.

돋보이고 멋있어 보이는 시선 권력이 주는 유용함은 패션과 뷰티 산업이 생겨나게 하였고 그 산업을 추구하는 인간이 실은 쏠쏠한 수익을 즐긴다는 사실을 알 수 있었습니다.

다시 말해서 인간은 이성을 가진 존재이지만 감성의 지배를 먼저 받는 동물로서 패션 산업의 유용함으로부터 자유롭지 않다는 '불편한 진실'을 알고 나니 사업 아이템으로 택하길 참 잘했다 싶었습니다. 아니, 신의 선물을 받은 느낌처럼 느껴져 남몰래 무릎을 쳤더랍니다. 평균수명 100세 시대를 맞이하여 연장된 여성들의 경제 활동도 아이템을 정하는 데 한몫했습니다. '미래에 필수적일 패션 아이템, 헤어웨어! 나 참 잘한 거네!'

패션 리더 코코 샤넬 여사가 허리를 졸라매는 패션으로부터 여성들을 해방시키기 위하여 허리 라인이 들어가지 않은 박스 디자인을 선보여 여성 해방의 의미를 가진 패션을 창조한 것처럼, 비달 사순이 짧은 기하학적 헤어 스타일을 제안하여 일하는 여성들을 긴 머리로부터 자유롭게 해준 것처럼, 헤어웨어 또한 빈모나 주기적인 펌으로 연출하던 볼륨 스타일을 복층 캡과 두상 성형 프레임으로 연출함으로써 미용사의 손과 열기구를 동원해야 했던 번거로움을 해결하였습니다. 그래서 복층과 두상 성형 프레임으로 연출되는 헤어웨어 아이템을 생각할 때마다 신의 선물이라 여겨져 행복해지곤 합니다. 또한 헤어웨어로 인해 행복해진 고객들의 사연, '행운 스토리'를 만날 때 사업하길 참 잘했다고 여깁니다.

김 영 휴 의   한 마 디 :

인생의 행운은
실력과 노력으로 맞이하는 선물이다.
하지만 인생의 행운은
행운을 불러들이는 모습에서 시작되는 선물이기도 하다.

Q. 대표님께서 가장 많은 시간을 투자하는
　　자기계발은 무엇입니까?

—

　　제가 시간을 가장 많이 투자하는 곳은 바로 갈등하고 있는 대상과 직면하는 시간입니다. 이 시간을 '자기계발'이라고 하는 것은 실제로 이러한 직면의 시간을 통해 내가 성장하고 문제를 해결하는 방법을 터득하게 되기 때문이에요.

갈등을 덮고 지나거나 체념하고 회피하는 게 대부분입니다. 일단은 스트레스로 즐겁지 않고, 알고 싶지 않으니까요. 하지만 저는 어떤 갈등에 대해 솔루션을 찾을 때까지 계속 그것만 생각하고 집착하는 습관이 있습니다. 그러다 보니 눈을 뜨고 있을 때에도 감을 때에도 잠을 자면서도 해답을 찾고 있는 나를 자주 발견합니다. 때로는 낮에 생각하던 것이 꿈에서도 이어집니다. 그런데 제가 스스로 답을 어떻게 찾는지를 가만히 보니 기존에 답을 찾았던 프레임대로 하고 있는 걸 보게 되었어요. 처음에 갈등에 대한 답을 찾을 때에는 어려웠지만, 지속하다 보니 곧 패턴이 있다는 걸 발견했고 그대로 하니 웬만한 문제는 다 해결이 된다는 사실을 알았어요. 참 놀라웠죠. 저의 패턴은 다음과 같습니다.

모든 문제는 책임의 원인을 나에게로 둔다.

내 삶의 중요도 우선순위의 룰대로 찾는다.

가장 근본적인 문제의 답부터 찾고 해결한다.

가장 난도가 높은 순서대로 찾는다.

문제를 푸는 방법에는 어려운 방법과 쉬운 방법이 존재하겠지만 저는 어려운 방법으로 푸는 것을 먼저 선택합니다. 30의 난도와 90

의 난도가 있다면 90을 선택한다는 것입니다. 그렇게 했을 때 얻는 프리미엄은 분명합니다. 나중에 90보다 난도가 낮은 문제에 직면했을 때 그것은 제게 아무런 문제가 되지 않는다는 사실입니다. 좀 더 쉽게 말해, A, B, C의 문제 중 C가 가장 어렵다면 저는 그것을 먼저 제거합니다. 그러면 A, B는 자동으로 사라진답니다.

김 영 휴 의 한 마 디 :

내 삶에서 일어나는 모든 일의 책임을 나에게로 가져와 답을 찾는 것은
가장 탁월하고 비범한 자기계발이다.
나 자신을 책임의 원인으로 직면하면
즉시 조치 가능한 실행안으로 직진이 가능해진다.

Q. 사업을 하는 데 있어 '여성'으로서 느낀 가장 아픈 부분은 무엇이었습니까?

—

우리 사회는 가장의 사회적 성장에는 온 가족이 기여자로 존재하면서 그 룰에 맞추는 것은 자연스러운데, 여성이 가족의 경제에 기여하는 역할을 할 때는 협조의 에너지가 더 낮은 게 사실이

었습니다. 남편이 해외 발령을 받아 나가야 하면 아내가 하던 일도 포기하고 자연스레 따라가는 문화가 우세한 반면 아내가 지방 발령, 해외 발령을 받았을 때 그 같은 협조에는 인색한 편이었습니다. 물론 다 그런 건 아니겠지만 여성들의 지속 성장하는 삶에 자발적인 동기를 가지고 협조자로 존재하는 남편을 만나기가 더 어려운 일이었습니다.

신혼 시절인 90년도, 우리 아이들이 어릴 때만 해도 아내가 일을 해서 남편이 회사를 못 가게 되면 이상하게 보곤 했습니다. 부부가 협력하여 가족 경제를 이끌어가는 데 자유롭지 않은 사회적 분위기 속에서 일하는 것, 차츰 좋아지는 분위기이지만 부부가 자유롭게 협력하여 가사·육아를 병행하지 못하는 것이 가장 힘들었던 것 같아요.

여성이 사업가로 일·가정생활을 양립하며 산업 생태계에 생존하는 데 제도나 기반이 충분히 준비되어 있지 않고, 우리 사회는 여성의 경력 단절이라는 희생을 담보로 육아를 해결하며 산업화를 급속도로 이룬 나라라는 생각까지도 들더라고요. 집에 있을 때는 여기에까지 생각이 미치지 못했지만 막상 창업하고 산업 생태계에 뛰어들어보니 이런 게 보였습니다. 여성이 자신들의 삶을 지속 성장시킬 수 있는 합리적인 생태계가 아직 아니라는 사실. 요즘은 남성에게도 육아휴직을 줄 수 있도록 제도를 도입하면서 조금씩 바뀌는 분위기이지만, 이제는 '일·가정 양립'이라는 말이 꼭 여성에게만 해당하는 말이 되지 않도록 더욱 적극적으로 변화되어야 할 것이라 생각이 절절했습니다.

김 영 휴 의   한 마 디 :

남녀가 공존하고 상생하는 건강한 생태계는
기성세대가 후손에 물려주어야 할 최고의 선물이다.

Q. '여성'이기 때문에 오히려 사업에 유리하다고 느끼게
   된 순간이 있었나요? 왜 그런 생각이 들었습니까?

—

우리는 일찍이 유교 문화 영향 아래 '그릇과 여성은 밖으로 돌리면 깨진다'는 속설을 들으며 자랐습니다. 그러다 보니 여성들은 사람들과의 갈등이나 복잡한 관계에 빈번하게 노출되지 않은 채 살아왔습니다. 즉 조직지능, 사회지능을 연습해 볼 기회를 가져보지 못한 채 산업 생태계로 들어와 생존 게임에 노출이 되니 '여자는 이래서 문제야.' '여자는 저래서 문제야.' 등의 핀잔을 듣게 되었다는 걸 알 수 있었습니다. 여기에 제대로 저항하거나 이의를 제기하지도 하지 못한 채 말입니다.

태생적으로 사업가의 근성이 있는가 없는가, 이런 것을 가늠해볼 기회조차 가져보지 못하고 잠재력을 개발해보기는커녕 거세된 채 살아가고 있는 건 아닌가 생각이 들었습니다. '해보지 않음' 즉 경험이나 실행해볼 수 없음으로 인한 무기력이나 무지, 약함, 취약함은 잘못이 아니니 스스로 작아지거나 주눅 들 필요가 없겠더라고요. 오히려 여성 사업가들은 산업계 생존 능력이 훈련되지 않은 잠재적 자원으로서 이 나라 미래의 가장 혁혁한 인적 자원이라는 생각이 들었습니다. 건강한 엄마가 가족을 건강하게 건사하고 가족에게도 건강한 영향력을 미칠 것이기 때문입니다. 건강한 가족이 인류공영에 미치는 영향력이 가장 고귀하다고 여기기에 여성의 경제적 자립과 지속성장하는 삶은 그만큼 의미가 있다고 생각이 들었습니다.

제도권은 여성 인재들이 조직지능, 사회지능을 학습하고 연습해볼 수 있는 생태계를 만드는 데 좀 더 적극적으로 심혈을 기울이면 어떨까요. 여성들이 요구하니 어쩔 수 없이 해준다는 생각이 아니라 건강하고 온전하게 생존 게임을 해볼 수 있도록 다양하고 관대한 기회를 제공하는 것입니다. 대한민국의 여성 인재들이 만들어낼 국가 경쟁력은 후손들에게 물려줄 무형의 숭고한 선물이 될 것입니다. 물론 어디까지나 야심찬 저의 사견이지만, 결국 미래에는 모든 면에서 여성 인재가 국가 경쟁력으로서 미래의 자원이 될 것이라 확신합니다.

인간은 누구나 관심 밖의 일이나 해보지 않은 부분에 대해서 취약합니다. 여성은 가족 관계에 노출된 순간은 많았지만 산업 생태계의 생존 게임에 노출된 시간은 남성에 비해 상대적으로 적습니다. 힘은 남성보다 약할지 모르지만 지능이나 능력이 취약한 것이 아닙니다. 제가 여성들과 함께 일하면서 느낀 것은, 여성 인재를 옳고 그름이라는 기준으로 보지 않고 인정과 기여, 가능성으로 볼 때 잠재력과 지혜가 매우 뛰어나다는 사실을 알 수 있었습니다. 남자들은 옳고 그름, 서열 만들기를 하는 데 시간과 에너지를 쓰는 반면, 특히 고경력 여성은 서열을 만들기보다는 기여하고 헌신하고 안아주는 데 좀 더 탁월하며 개인적 소통지능이 높아 술 없이도 긴 시간 다양한 대화를 나눌 수 있습니다. 이러한 지능이 단계별 훈련을 거듭해 사회적 자본으로 국가에너지에 기여하게 된다면 무궁무진한 가능성이 있을 것입니다.

김 영 휴 의 한 마 디 :

살아 있는 것들은 부드럽고, 부드러운 것들은 여성적이다.
여성적인 것들은 우아하고 우아한 것들은 아름답다.
아름다운 것들은 인류의 선한 에너지원이다.

Q. 아이를 둘이나 양육하면서도 사업을 일구어오신 걸
   로 알고 있습니다. 그 과정에서 가장 아쉬운 점이 있
   다면 무엇이었을까요?

—

한번은 딸이 갑자기 제게 전화를 해서 흐느껴 우는 거예요.
꿈을 꾸었는데 엄마가 죽는 꿈을 꾸었다며 한참을 울고 깨어보니
꿈이어서 얼마나 다행이었는지 모른다고 저에게 전화를 해서 엉엉
울었습니다. 저는 그런 딸에게 물었습니다.

"엄마가 사라진다는 게 슬퍼서 그렇게 울었던 거야? 엄마가 사라
져서 뭐가 가장 슬펐던 건데?"

그러자 딸의 대답이 참 가관이었어요.

"엄마한테 전수받아야 할 감각이 있는데 그건 인터넷에도 책에
도 없더라고. 그걸 내게 아직 알려주지 않았잖아. 엄마한테는 희한
한 게 한두 가지가 아니거든. 엄마 뇌를 칩으로 만들어 내 뇌에다
꽂고 살면 참 좋을 것 같다고 생각했단 말야. 꿈에서 나 완전 망했
다고 생각했어. 엄마한테 배울 게 한두 가지가 아닌데 안 알려줬잖
아! 이 얼마나 슬픈 일이냐구!"

지극히 학생다운 대답이었습니다. 딸의 이야기를 조금 덧붙이자
면, 결코 책을 통해 학습할 수 없는, 어깨너머로만 습득할 수 있는
엄마의 감각을 배우지 못한 데 대한 좌절과 절망이 정말 크게 느껴

졌다고 했습니다. 그 부분은 대체 불가한 엄마의 영역일 테니까요.

 당시에는 최선을 다했다고 생각했지만, 돌이켜보면 엄마로서 자녀에게 해야 할 역할 중 빠진 게 더러 있다는 걸 깨닫곤 합니다. 특히 함께하며 스킨십을 하고 부대끼는 시간이 적은 게 가장 큰 공허함으로 다가오는 것 같아요. 다른 방법으로 그 공허를 대신하려고 궁리에 궁리를 했습니다. 창업 초기에는 편지 쓰기를 즐겨 했는데 아이들이 중고생이 되면서 친밀한 대화와 소통이 필요해졌습니다. 그래서 편지 대신 가족 카페를 이용해 서로의 생각을 공유하고 마음을 나누며 실시간 연결된 존재로 함께하는 시간을 가졌습니다. 지나서 생각해봐도 참 잘했다고 판단하는 일 중에 하나이기도 합니다.

 실제로 함께하는 시간은 누군가 대신해줄 수 없기에 그 부분이 결핍된 것은 지금도 안타깝고 미안한 부분입니다. 아이들은 늘 엄마의 존재에 대해 아쉬워했을 테니까요. 나중에서야 아이들의 이야기를 들어보니 오히려 자유로워서 좋은 점도 많았다고 하더군요. 엄마가 바쁘니 잔소리 들을 일도 없고, 간섭도 덜하니 사춘기 자녀 입장에서는 좋았을 수도 있겠다 싶었습니다. 그러나 부모의 역할은 늘 아쉬움이 남곤 하죠. 지금도 여전히 노력 중이랍니다.

엄마의 산 경험이 자녀에게는 어깨너머 학습이 된다.

어깨너머 학습은 느낌을 유발하고 전수하는 '산 교육'으로

엄마의 생존 DNA가 노하우로 녹아 있다.

Q. 육아 때문에 힘들지만 창업을 감행하였습니다. 병행
   과정에서 얻은 기쁨들이 있었을 것 같습니다. 어떤 게
   있을까요?

—

    스스로가 온전하지 못한데 누구에게 온전한 역할을 할 수
있을까요? 엄마의 진정한 홀로서기는 경제적 자립이라는 것. 이 절
체절명의 과제를 실행하려면 일과 가정 모두를 바로 세우기 위해
가족들 간의 기여와 헌신이 필요했어요. 최선을 다한다고 해도 저
는 항상 부족했지만 자녀에게 매달려 관심이 넘치는 삶을 사는 것
보단 훨씬 낫다고 생각했습니다. 고생스러운 시간이지만 이 과정을
통해 거듭날 수 있다면 이 정도의 결핍이 주는 시간은 선물이 될 것
이라 생각하니 더 의미 있고 가치 있는 시간으로 여겨졌습니다.

    제가 모든 걸 할 수는 없기에 엄마로서 가정생활을 대체 가능한

영역과 대체 불가의 영역으로 나누고 대체 가능한 영역은 협력과 도움을 청하고 불가 영역은 부족한 가운데 최선을 다할 뿐이었어요. 그러다 보니 창업을 통해 아이들도 나도 동반 성장하는 삶을 만드는 데 기여하고 있다고 생각이 들었고, 그 모든 시간이 참 의미 있고 기쁘게 다가오더군요. 또한 잘 해주지 못한다는 마음 때문에 '어떻게 하면 내가 아이들에게 편의를 제공해주는 일 외에 더 가치 있는 배려와 기여를 할까, 좋은 멘토가 되어줄 수 있을까'를 항상 생각했어요. 몸으로 해줄 수 없는, 절대적인 물리적 시간을 정신적으로 기여해주고 싶었거든요.

그래서 직무교육을 할 때에도 '이 내용을 나중에 내 아이들이 직장생활을 할 때쯤 꼭 들려줘야겠다' 하며 하고 있더라고요. 나중에 애들이 컸을 때 일하는 엄마로부터 배울 수 있는 다채로운 정보를 만들고자 했고, 그러한 내용을 실시간 가족 카페에 올려 교육 자료로 남기기도 했고요. 물리적으로 채울 수 없는 부재의 시간들은 애달프고 편치 않지만, 일을 하는 엄마로서 해줄 수 있는 것들을 찾고 채워가는 과정은 또 남다른 기쁨이었던 것 같습니다.

김 영 휴 의 한 마 디 :

엄마가 열심히 산 시간은, 자녀가 교과서 없이 학습하는 시간이다.
인간은 가장 오랜 시간 지켜본 사람을 닮고 그 사람을 따라한다.

Q. 대표님의 전공은 '철학'이라고 들었습니다. 지금 하시는 일과 어떤 관계가 있나요? 있다면 어떤 영향을 미쳤습니까?

—

네, 저의 전공은 철학입니다. 철학은 제가 사업을 하는 데에도 분명 많은 영향을 미쳤습니다. 무엇이든 근본적인 것부터 생각하고, 무엇이든 인문학적 배경이 있는 것에 초점을 맞추고 사업화를 하려고 노력하는 것들…. 일단 뭐든 시작을 하면 '유사 이래 이런 제품이 있었나?' '동서고금에 이런 것이 있었나?' '남녀노소에 따라 이것을 어떻게 판단할까?' 등 더 넓고 큰 관점에서 바라보는 습관이 있어요. 이런 저를 보고 딸이 그런 말을 해주더군요.

"잘 모르는 사람이 보면 엄마를 뻥쟁이 아줌마라고 할 거야."

"왜?"

"엄마가 하는 말들은 너무 커서 4차원 같거든."

당시에는 피식 웃었지만 그럴지도 모른다고 생각이 들었습니다. 저는 실제로 내력이 없는 일, 스토리가 없는 일에 흥미를 잘 느끼지 못하거든요. 재미가 느껴지지 않기 때문입니다. 가치와 의미, 스토리가 있는 일에 관심이 있는데 이는 철학 전공이 영향을 미쳤다고 볼 수 있을 거예요. 저는 어떤 물건을 살 때 그 물건이 만들어진 히스토리나 비하인드 스토리를 알게 되었을 때 그 제품이 더 가치 있게 느껴지고 사고 싶어집니다. 내가 그렇기에 타인도 그렇지 않을까 싶었고, 그것을 사업에 적용하게 되었습니다. 이런 저를 보면 아무래도 철학이라는 전공이 영향을 미쳤다고 볼 수 있을 거예요.

김 영 휴 의 한 마 디 :

철학이 만학의 중심이듯
철학은 모든 비즈니스의 중심이 되기도 한다.
철학은 유사 이래 인간의 삶을 탐구해온 학문이기 때문이다.

Q. 사업은 고생길이다, 왜 고생을 사서 하느냐며 모든 사람들이 말립니다. 대표님은 그런 유혹들을 어떻게 물리치셨습니까?

–

맞아요. 안 하던 일을 하게 되면 모든 사람은 당연히 불안과 두려움을 느낍니다. 그런데 창업을 자원해 20년 가까이 하다 보니 이것이 정말 고생하는 것인지, 내 삶에 의미 있는 새로운 일을 하고 있는 것인지 정도는 구분이 됩니다. 그리고 남들이 보기엔 사서 고생하는 것일지 모르지만, 결국 내 입장에선 모두 스스로 선택한 것이니 타인의 눈에 그것이 고난이라 할지라도 모두 의미 있는 일이 더라고요.

내가 선택하지 않은 일은 고생일 수 있습니다. 똑같은 일을 하더라도 '자발성'이 빠지면 그것은 고난이자 인생의 짐이 될 수 있는 법이거든요. 그러나 '자발성'이 들어가면 그것은 고생이 아닌 말 그대로 '사서' 의도적으로 선택한 고생으로, 의미 있는 도전이 되는 것입니다.

한계 앞에 서게 되는 도전 그리고 고생은 평소 만나지 못한 새로운 나를 만나게 해주는 은인입니다. 늘 반복하는 삶에서는 결코 만날 수 없으나 평소와는 다른, 고생스러운 여정에서는 새로운 내가 나타나기 때문입니다. 있는 그대로 사는 삶도 의미가 있겠지만, 매순간 어려움, 힘듦과 좌절을 직면하며 새로운 나를 만나는 것 또한 또 다른 가치와 의미를 만들어가는 삶이라 여겨집니다. 그런 의미에서 저는 제가 선택한 창업의 고생길이 정말 의미 있고 가치 있다는 생각이 드네요.

김 영 휴 의   한 마 디 :

세상의 모든 학습은 돈을 내고 한다.
자발적 선택으로 하는 고생은 돈을 벌며 한다.

Q. 아직 오지 않은 미래보다는 현재에 충실한 게 더 중요하지 않을까요?

—

발등에 떨어진 고민도 복잡하고 힘들어 죽겠는데 미래까지 함께 고민하는 게 힘들고 지치죠. 맞아요. 그래요. 그렇기도 합니다.

하지만 동시에 인간은 끊임없이 더 나음을 갈망하는 존재입니다. 지금의 문제를 어떻게 효과적으로 돌파하고 진화할 것인가에 대한 사색은 먹고 자고 나면 반복적으로 찾아오죠. 인간의 본능입니다.

어쩌면 불로장생과 행복이라는 주제가 인간의 상상력을 통해 미래라는 시공간을 현재로 가져와 탐닉하게 하였고, 그 힘으로 문명을 진화시켰는지도 모릅니다. 다시 말해서 지금 당장의 옳고 그름, 좋고 나쁨, 그리고 생존의 문제에 대해 본능적으로 방안을 모색하며 미래의 시공간 속에서 먼저 가능성의 시나리오를 모색하고, 그것을 시뮬레이션하며 현재로 가져와 효과적인 솔루션을 찾아왔음을 역사를 통해 알 수 있습니다.

날고 싶다는 상상과 비전이 항공 산업을 발전시켰고, 물속을 마음대로 유영하며 살고 싶다는 갈망이 잠수함을 만들게 하였듯 인간의 상상력과 비전이 현실의 제약을 넘어선 답을 찾아 진화를 거듭하였습니다.

미래라는 시공간은 인간의 상상력과 꿈을 꿀 수 있는 가능성의 시공간으로서 현재라는 시제가 가진 룰과 제약이 가득한 시공간을 자유롭고 관대한 소통의 가능성으로 초대합니다. 서너 가지의 시나리오를 설정하고 관대한 가능성으로 구현하지요.

특히 상상력이 만드는 미래라는 시공간은 아직 다가오지 않은 미존의 영역으로 관대하고 여유로운 소통이 가능해 백인백색 캐릭터가 다양한 에너지원으로 작동하여 인간의 에너지를 취합하고 고양시켜 우리네 삶과 우리 사회에서 일어나는 갈등과 반목을 줄여주고 지속 성장하게 해줍니다.

김 영 휴 의 한 마 디 :

꿈과 미래는 현재에 존재하지 않는다.
그렇기 때문에 지금의 옳고 그름, 좋고 나쁨에 힘을 빼지 않아도 된다.
오직 꿈과 미래를 향한 시도들만이 우리를 더 나음의 경지로 데려다준다.

Q. 앞으로 남은 시간 동안 대표님이 탐구하고 싶은 영역은 무엇인가요?

—

지금에 오기까지… 그 누구도 제 등을 떠밀지 않았습니다. 그저 '내가 할 수 있을까?' 하는 의구심과 호기심만으로 두 아이의 엄마, 38세 전업주부로서 시작한 창업입니다. '나답게 사는 삶'에 몰두하기 위해 '나' 주식회사의 '대표이사'로 취임해 오늘까지 왔습니다. 달라진 게 있다면 책임져야 할 식솔의 수가 늘었고, 고객의 숫자가 늘어난 것뿐입니다. 물론 그것은 너무나 큰 보람이기도 합니다. 또한 늦깎이 창업을 한 덕에 직원, 고객들과 함께 나이 들어가는 것도 큰 기쁨이자 영광이겠죠.

'어떻게 이렇게 해냈을까?'

홀로 있는 시간, 지난날을 되돌아볼 때면 나 자신이 대견해 배시시 웃기도 한답니다. 그리고 또한 '앞으로 나는 무엇을 하고 있을까?' 하는 생각에 잠겨보기도 합니다.

20대 때부터 제게는 '잘 사는 삶이란 무엇일까?'가 항상 인생의 화두였습니다. 그리고 그 생각의 끝에는 언제나 같은 대답이 기다리고 있었습니다.

"나답게 사는 것이 잘 사는 것이다."

지속성장, 동반성장이라는 꿈을 항상 마음에 간직한 채 오늘에 왔고, '잘 사는 삶'에 대해 지금도 여전히 고민하고 있기에 앞으로도 저는 '인간에게 성장의 끝은 어디일까?' '성장과 성숙의 경계는 무엇일까?'에 대해 탐구하고 있지 않을까 싶습니다. 내가 가진 가능성이 만들어갈 미래를 상상하며 탐구하고 있겠죠. 또한 씨크릿우먼이라는 기업과 브랜드를 통해서 제가 무엇을 하고 있을지, 함께하는 사람과 어떤 비전을 펼쳐 나갈지에 대해서도 늘 고민하고 있을 것입니다.

자신을 아는 만큼 자기 안에 있는 것들을 꺼내어 활용할 수 있다고 생각해요. 그러기에 저는 가치를 혁신하고 더욱 성숙·성장해가는 삶을 위해 과거에도 그랬고 현재에도 그렇듯 앞으로도 나 자신을 탐구하는 일을 끊임없이 하고 있을 것입니다. 그것이 인간이 행복할 수 있는 길, 잘 사는 삶으로 가는 길일 테니까요.

김 영 휴 의 한 마 디 :

현재에서 실행을 즐기면 에너지를 얻고
미래에서 실행안을 가져오면 영감을 얻는다.

PART 2

두려워하는
예비 사장을 위해

창업을 준비하는 사람들이

가 장 궁 금 해 하 는 질 문 들

모두 힘들 거라고 합니다.

모두 안 될 거라고 합니다.

그래서 포기하고 싶은 마음과

그럼에도 앞으로 가고 싶은 마음이

꿈틀거리고 있습니다.

이 두려움의 실체는 과연 무엇일까요?

Chapter 1

나 도 할 수 있 을 까 ?

—

당신이 성공한 여성 CEO가
될 수밖에 없는 이유

—

절대로 고개를 떨구지 마라.
고개를 쳐들고 세상을 똑바로 바라보라.

아직 가보지 않은 길,
취업이냐 창업이냐 망설여진다면

—

근본적으로 내 삶에 있어 취업이 답인가, 창업이 답인가 하는 것은 매우 어려운 질문입니다. 한 사람의 인생이 걸린 문제이기 때문에 제가 감히 '이것이 답이다' 하고 말하기는 힘들겠지만, 이렇게 한번 얘기해볼 수 있을 것 같아요.

'업(業)'과 '직(職)'은 다른 것입니다. 업이란 내가 '무엇을 하고 살아야 하는가'이고, 직은 '먹고살기 위한 방편, 생존의 방법'입니다. 따라서 업을 찾기 위해서는 내가 어떤 사람이며, 누구인지, 무엇을 하고 싶은지에 대한 답을 먼저 찾아야 합니다. 창업을 할 것인가, 취업을 할 것인가는 그 답에 따라 달라질 수 있을 거예요.

사업이라는 것은 조직과 조직원의 생과 사를 실시간으로 내가 결정해야 하는 라이브 게임의 연속입니다. 취업은 누군가에게 소속된 사람으로서 그 조직에서 일어나는 상황을 수습해주는 일이 먼저이고, 얼마나 자발적, 주도적으로 하느냐에 대한 고민만이 있습니다. 창업은 취업과 달리 나와 조직원 그리고 협력사의 생사를 내가 오롯이 결정하기 때문에 굉장히 오랜 시간 동안 집요한 고뇌 끝에 결정해야 하는 거죠. 자칫 잘못하면 내 인생에서 폐인이 되느냐, 정상적인 삶을 사느냐까지 결정할 수 있으니까요. 결코 외부 사람이 해줄 수 있는 답은 아닌 것입니다.

창업은 생과 사를 내가 결정하는 것이고, 취업은 나에게 부여된 영역 안에서의 책임만 지는 것이라면 당신은 무엇을 선택하겠습니까? 어떤 사람은 일정 영역에 대한 책임만 지는 것이 답답해서 자발적이고 주도적으로 무한한 확장 가능성이 있는 일을 하고 싶어 할 것입니다. 그래도 괜찮은지에 대한 결론이 나온 후에야 이 질문에 답을 할 수 있지 않을까요.

만약 "글쎄" 하고 답이 나오지 않는다면 취업을 해서 답을 얻어 나가야 합니다. '취업'과 '창업'은 내 삶의 모습을 결정하는 것입니다. 따라서 집요한 사색의 과정이 반드시 따라야 합니다. 창업을 할 때에는 '내가 왜 이 일을 하는가'에 대한 신념이 있어야 하고, 내 안에서 끓어오르는 열망이 있어야 하고, 하지 않으면 안 된다는 절박함, 자기만의 이유가 있어야만 합니다. '직'으로써 단순히 먹고사는 문제를 넘어, 자기 삶에 대한 집요한 애착을 가진 사람만이 좌절이

와도 극복할 수 있을 테니까요.

단, 창업을 하되 안전하게 시작하고 싶다면 취업을 해서 경험을
쌓은 후에 할 수도 있어요. 또 부딪히고 깨지면서 깨달아가고 싶다
면 바로 시작해도 될 테고요. 이것은 개인의 선택이지 어떤 길에도
틀린 건 없습니다. 편안한 길, 무난한 길이 아니라 나만의 방식대로
길을 가고 싶은 사람들도 종종 있습니다. 이것 역시 스스로에게 질
문해보세요. 어떤 길이든 하나의 답만 있는 것은 아니니까요.

내 마음이 끌리는 대로 그 길을 걷되 내가 한 선택에 대해서 내가
책임을 지면 됩니다. 그럼에도 불구하고 좌절하지 않을 마음의 준
비가 되어 있다면 쭉 가는 것입니다. 그렇지 않다면 처음부터 단단
히 준비를 하면 될 것입니다. 저 역시 그게 어느 쪽이든 당신의 선
택을 응원할 거예요.

김 영 휴 의 한 마 디 :

창업이든 취업이든 내가 선택하고 실행하는 일은 모두 내가 책임의 원인으
로 존재해야 한다. 책임지는 영역만 내 삶의 영역으로 가져올 수 있기 때문
이다.

창업은 일단 아이템을
찾아야만 할 수 있다?

—

"이거다" 싶은 아이템을 찾은 후 창업을 해야 하는지, 창업을 하겠다고 마음을 먹고 난 후 아이템을 찾아야 하는지 물으시는 경우가 많은데요. 둘 중 어느 것이 답이라고 말할 수는 없어 보입니다. 다만, 저의 경우를 이야기해볼 수는 있을 것 같아요. 저는 창업이 정말 하고 싶은데 저에게 꼭 맞는 아이템을 찾을 수가 없었습니다. '이게 좋을까, 저게 좋을까'를 늘 궁리했죠. 저는 후자에 해당되겠네요.

저는 우선 창업을 꼭 하고 싶다는 마음이 먼저 들었습니다. 언젠가 남편이 퇴직을 하면 내가 가족의 생계를 책임져야 하는데, 무엇으로 할 수 있을지 막막했습니다. 처음에는 막연히 '내가 무엇을 잘할까'를 생각해봤어요. 요리하는 걸 좋아하는데, 그렇다면 그걸로 무엇을 할 수 있을까? 친인척 중에 음식점을 하는 분이 있었는데 그리 행복해 보이지 않았어요. 일을 즐기면서 하고 싶은데, 음식점을 한다면 아무래도 즐길 수 없을 거라는 결론에 닿았습니다.

무엇보다 사업을 한다면 좀 예쁜 모습으로 하고 싶었습니다. 작업복을 입고, 고무장갑을 끼고, 장화를 신은 채 하는 일보다는 좀 더 예쁜 모습으로 일하는 내 모습을 떠올릴 때 행복했습니다. 아마 이러한 기준과 욕망은 사람마다 다를 것입니다. 그래서 결국 지금의 헤어웨어를 선택하게 되었습니다. 내가 좋아하지 않는 것은 아무리 노력해도 결국 그만둘 것이란 생각이 들었으니까요.

정말 좋은 아이템이 있어 그것으로 사업을 시작하는 경우도 있을 것이고, 창업을 하고 아이템을 찾는 경우도 있을 것입니다. 둘 중 어느 것이 답이라기보다는 후자의 경우 자신이 정말 좋아하고 즐길 수 있는 아이템이 무엇인지 충분히 생각해보는 게 중요할 것 같아요.

김 영 휴 의 한 마 디 :

틀린 답은 없다.
될 때까지 집요하게 즐기며 실행하는 것이 중요할 뿐.
집요한 과정은 힘들다고 느끼는 과정이요,
근력을 기르며 새로운 힘을 얻는 과정이다.

아이디어가 떠오르는데도
막연한 두려움이 앞선다면

—

사업을 해본 적이 없기 때문에 두려운 것은 당연합니다. 하지만 저도 했으니 당신도 할 수 있지 않을까요? 저는 모든 문제의 순간에 시나리오를 씁니다. 세상 모든 일에 빛과 그림자가 있듯 나에게 두려움과 힘듦은 새로운 기회도 가져다준다는 이야기를 씁니다. 두려움과 불안이 무섭지만 이것이 아직 나의 발견되지 않은 금광이라면 어떨까요? 저는 이렇게 생각하며 계속 다른 길을 찾았습니다. 남들은 모두 안 된다고 하지만 저는 되는 이야기를 다채롭게 씁니다. 불안, 두려움, 힘듦은 타인에게는 '할 수 없는' 이유가 되지만 나에겐 '할 수 있는, 해야만 하는' 이유가 되니까요.

어떤 사람은 두려움을 맞이하고 어떤 사람은 체념하고 외면하고 거부합니다. 우리에게 1억이 주어졌다고 해봅시다. 전자의 사람은 해보지 않은 일을 통해 그 1억을 모두 날릴까 봐 두려워하는 시나리오를 씁니다. 하지만 후자는 1억이 사라질까 봐 두렵지만 그 1억으로 '세상을 살 수 있다면 어떻게 될까?' 하는 시나리오를 씁니다. 그리고 이 시나리오는 허구가 아니라 진짜라고 생각하며 써야 합니다. 저도 그랬답니다.

김 영 휴 의   한 마 디 :

사람은 누구나 아름다워지면 기분이 좋아지고,

기분이 좋아지면 행복해진다.

인간이 행복한 상태에서는 모든 것이 선순환된다.

이것이 허구인가요? 아니요. 저에겐 진짜 시나리오였어요. 혹자는 '이것이 얼마나 힘든지 알아?' 하고 말할지 모릅니다. 그렇다면 30년, 50년을 하며 완성하면 되지 않을까요? 짧은 시간 안에 잘 먹고 잘살기 위한 시나리오라면 틀릴지 모르지만 인간을 행복하게 하는 일이 돈이 된다는 신념을 갖고 있다면, 30년이 걸리더라도 구슬을 꿰는 방법을 배워나가면 되는 것입니다. 저는 그랬습니다. 한 번도 해보지 않았으니 부딪혀서 해보면 되지 않겠느냐고요.

어떤 입지에서 보느냐에 따라 달라지는 것이지 정답이 있는 것은 아닙니다. 된다고 생각하면 되는 시나리오가 수만 가지, 안 된다고 생각하면 불가능한 시나리오가 수만 가지 나오게 되어 있습니다. 당신은 어떤 시나리오를 쓰시겠습니까?

제가 다른 사람과 좀 다른 점이 있다면 '두려움'에 대한 두려움이 없다는 것입니다. '죽지 않을 일이라면 한번 해보지 뭐' 하는 무모함이 있습니다. 그래서 저는 이야기합니다. 두려움은 '종이 호랑이'라고요. 많은 사람들이 두려움을 두려워합니다. 그런데 저는 거꾸로 질문해보고 싶습니다. 이 두려움의 실체는 무엇일까요? 인간은 어떤 것에 대해 두려움을 느낄까요?

저는 어릴 때 별명이 '털손'이었어요. 집에 있는 물건들을 전부 까보는 게 취미였거든요. 호기심이 많고, 고장 난 걸 열어보고 만져보고 무엇이 어떻게 잘못되었는지 살펴보는 걸 좋아했습니다. 사업도 그렇게 한 것 같습니다. 다른 사람들이 두렵다고 모두 덮어버린 일을 나는 가만히 들여다봅니다. 그게 타인과 저의 조금 다른 면인 것 같기도 합니다.

우리가 한 번도 해보지 않은 것에 대해 두려움을 가지는 건 너무 당연한 일 아닐까요? 안 해봤고, 잘 모르고, 준비되어 있지 않기 때문에 두려움, 불안, 힘듦으로 나타나는 것입니다. 저 역시 사업을 해보지 않았고, 그래서 생전 처음 생기는 일들이 두려울 수 있었지만 그것을 피하는 것이 아니라 호기심을 가지고 그 두려움의 실체 안으로 야금야금 들어가 보는 걸 즐겼습니다. 그리고 탐구해보았습니다. 그런 후에 '아, 이런 거였구나…' 하며 깨달음을 얻고 조금씩 더 진도를 나갔습니다. 만약 이런 두려움을 직면해보지 않았다면 결코 어떤 깨달음도 얻을 수 없었을 거예요.

김 영 휴 의   한 마 디 :

경험해보지 못해서 생기는 무지를 대체할 묘안은 없다.
경험으로 쌓은 노하우보다 정밀한 과학은 없다.

시대를 앞서가는
사업 아이템이 떠올랐다면

—

"미래의 인류에게 꼭 필요하다 여겨지는 사업 아이템인데 현재 트렌드에는 다소 맞지 않는 경우 사업을 시작하는 게 맞을까요?"라는 질문을 받은 적이 있습니다. 열심히 궁리를 하다 보니 그분의 생각이 많이 확장되었던 거겠죠. 제가 답을 줄 만한 자격이 있는지 모르겠지만, 이런 질문에 이렇게 답을 하는 사람도 있을 수 있구나, 하고 제 이야기를 들어보면 도움이 좀 될 수 있을 거예요.

인류에게 '꼭 필요하다'는 것이 어떤 기준인지 모르겠지만, 인간이 살아가는 데 꼭 필요한 것은 '의식주'와 관련된 것이라고 생각합니다. 그래서 의식주와 관련된 것이라면 인류와 함께 영원히 갈 수 있는 사업이라고 생각했습니다. 현재에는 없지만 미래에는 온다면, 그건 해도 되는 것 아닐까요? 그리고 그것이 인간의 의식주와 관련된 것이라면 '어떻게 하느냐'의 게임이지 '안 되는' 게임은 아니라고 생각합니다.

단, 의식주와 관련된 것이어야 한다는 데에는 저만의 이유가 있습니다. 50년, 100년 전에도 밥은 먹었습니다. 다만 과거에는 배고픔을 채우는 것이 1차 목표였다면 이제는 내가 좋아하고 만족스러운 것을 먹는 목표로 바뀌었을 뿐이죠. 인간이 밥을 먹은 이래로 수 저는 늘 있었죠. 그런데 10년 전 우리 집에 있던 수저가 닳거나 망가지지 않았는데 다시 사는 이유는 무엇일까요? 옷도 마찬가지입니다. 집집마다 옷장이 넘쳐나지만 더 좋은 옷, 더 영감이 되는 옷, 더 새로운 옷을 삽니다. 집은 100년 전에도 지었고 지금도 짓고 있습니다.

집집마다 옷이 있으니 옷 장사를 하면 안 될까요? 30년 전에 쓰던 숟가락이 없어지지 않았다고 해서 숟가락을 만들면 안 될까요? 최신 기술, 첨단 기술에는 해당되지 않는 이야기일지 모르지만 의식주와 관련된 것은 인류가 사라지지 않는 한 사라지지 않을 것입니다. 누군가가 이미 하고 있다면 나는 그와 다르게 하면 됩니다. 내가 하려는 것이 인간의 의식주에 필요한가? 여기에 확신이 들었다면 나만의 방식으로 그 길을 개척해가면 됩니다.

김 영 휴 의   한 마 디 :

곰곰이 생각해보자.
필요한 제품과 사고 싶은 제품의 기준은 엄연히 다르다.
필요한 제품은 기능과 속성을 감지하는 것이고
사고 싶은 제품은 가치와 의미를 욕망하는 것이다.

창업 아이템을
전문가에게 점검받아야 한다?

—

점검을 위한 순서에서 1번은 나 자신이 되어야 합니다. 누군가를 설득할 때 "이거 진짜 맛있어" 하는 것과 "누가 먹어봤는데 맛있대. 나는 안 먹어봤어" 하는 것은 정말 다릅니다. 전문가가 아니라 내가 좋아하는 게 1번입니다. 자신의 신념을 우선시하고 남들의 의견은 참고삼아서 보세요. 내 아이템을 가장 잘 아는 것은 나 자신이 되어야 합니다. 나에게 영감을 주는 것은 나 자신이니까요.

창업을 하고 싶다면 내가 하고 싶은 일과 제품의 전문성을 가장 먼저 나 자신에게 테스트해봐야 합니다. 그리고 그 결과를 가지고 전문가를 찾아가야 합니다.

음식을 판다고 합시다. 그런데 내가 먹지 않은 음식을 판다면 어떻게 될까요? 나는 별로 안 좋아하는데 사람들이 좋아해서 파는 경우와, 내가 너무 좋아서 파는 건데 세상 사람들이 자꾸 와서 먹는 경우 중 어떤 게 더 잘 될까요? '내'가 삶의 기준이며 우주의 중심임을 명심하세요. 이 세상에는 내가 좋아하는 것을 좋아하는 사람과 그렇지 않은 사람이 있습니다. 나와 같은 입맛과 취향을 가진 사람을 위한 커뮤니티가 되면 됩니다. 전 세계 모든 인류와 같을 수는 없으니까요.

내가 잘 모르는 것은
묻는 게 뭔지도 잘 모른 채 묻는다.
뭔지도 모른 채 모르는 무지를 몽매라 한다.

아이템을 보는 눈은 있지만
영업에 자신이 없다면

—

　종종 "잘 팔릴 아이템을 보는 눈은 있는데 팔 자신이 없어서요" 라고 말씀하시는 분들이 계신데요. 나는 팔 수 없는데 잘 팔린다는 근거는 무엇인가요? '잘 팔릴 것 같은 아이템'을 안다면 '잘 팔 수' 도 있어야 합니다. 잘 팔릴 것 같은 아이템을 안다는 건 그것을 어떻게 팔아야 하는지를 아는 것까지 포함해야 합니다.

　전문가를 고용한다 하더라도 내가 어떻게 하는지를 아는데 못하는 것과, 모르고 못하는 것은 분명히 다릅니다. 전문가에게 일을 맡긴다 하더라도 내가 아는 상태에서 일을 주는 것과 아닌 것은 확연히 다릅니다. 따라서 아이템을 보는 사람은 파는 방법까지 함께 알고 있어야 합니다. 그래야 팔 사람을 선정하는 데도 효과적입니다.

보는 눈은 파는 방법과 함께 알아야 합니다.

세상의 모든 것들은 팔리기 위해 존재한다.

천하를 파는 법은 나를 파는 법과 같다.

나를 잘 팔려면 나를 잘 알아야 한다.

나를 잘 안다는 것은

내가 모르는지조차 모르는 영역까지를 알아가는 것이다.

'팔 자신은 없다', 즉 영업력에 대해 고민하는 분들을 위해 그림 하나를 함께 살펴볼까 해요.

A의 삶 : 책임의 원인을 둘 다 가져온다.

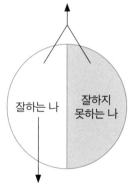

잘하는 나   잘하지 못하는 나

B의 삶 : 반만 가져간다. B는 성장하지 않는 반쪽짜리 삶을 살게 된다.

이 원을 '나'라고 본다면 잘하는 나와 못하는 내가 공존하는 것을 볼 수 있습니다. 이 둘을 모두 가져갈 것인지, 아니면 잘하는 나만 가져갈 것인지는 각자 선택의 몫이겠죠. 그런데 각각의 선택은 나중에 어떤 차이를 가져올까요?

둘을 모두 가져가는 자의 삶을 A라고 하고, 잘하는 나만 가져가는 삶을 B라고 한다면 A는 원 전체를 모두 나로 만들고, B는 반쪽짜리 나로서 삶을 살게 됩니다. 인간은 죽을 때까지 확장되는 삶을 살 때 행복을 느낍니다. 잘 못하는 나에 대한 책임을 스스로 지는 선택을 한다면 지속적인 확장이 되지만, 그렇지 않으면 반쪽짜리 삶을 살게 됩니다. 그렇다면 우리는 왜 A의 삶을 살지 못할까요?

'잘 못하는 나'는 나에게 좌절을 주기 때문입니다. 그래서 회피하게 되고, 결국엔 '잘하는 척'을 하면서 살게 됩니다. A는 잘 못하는 나를 극복하기 위해 진정으로 노력하지만, B는 그러는 척하고 살기 때문에 노력도 하지 못합니다. 결국 A의 삶은 성과가 나지만 B의 삶은 성과가 나지 못하는 결과로 이어집니다.

잘 못하는 것도 나입니다. 사람은 전지전능하지 않잖아요? 잘하는 것, 못하는 것이 모두 나입니다. "굳이 잘 못하는 것까지 꼭 하면서 살아야 하나요?" 하고 누군가 물을 수 있습니다. 그 말도 맞습니다. 하지만 내 삶을 사랑하고 애착을 가진 사람은 내가 덮어놓은 것을 들추고, 고치고, 극복하며 살아갑니다. 그렇지 않은 사람은 덮어놓고 살면 됩니다. 그렇게 되는 대로 살아도 괜찮습니다.

다만 이렇게 생각한다면 어떨까요? 인생의 사건·사고와 나를 힘들게 하는 모든 일들은 다 내가 잘 못하는 것에서부터 오지 않나요? 모든 교통사고가 사각지대에서 일어납니다. 나를 바로 들여다봐야 하고, 내가 무엇을 못하는지를 바로 알아야 하는 이유는 내 인생에 사건·사고가 일어날 때 속수무책이 되지 않기 위해서입니다. 자기성찰? 안 해도 됩니다. 그러나 내가 못하는 게 뭔지, 나의 사각지대가 무엇인지 알면 주의할 수 있습니다. 미리 선택·분별할 수 있습니다.

분별을 한다는 것은 마치 어두운 방에 불이 '탁' 켜지는 것과 같아요. 어두운 곳에서 무언가에 걸려 넘어졌는데 불을 켜놓고 보면 그것이 의자였다는 걸 알 수 있습니다. 그러면 의자를 피해 가거나 치우게 됩니다. 그러나 내면 성찰을 하지 않는다면 어떻게 될까요? 어둠의 상태에서 계속해서 부딪히는 그 의자를 치우지 못한 채 영원히 부딪히게 됩니다. 주도적으로 내가 치우지도 못하고 "네가 이렇게 치워주면 되잖아!" 하고 타인으로부터 방법을 찾으려 들게 됩니다. 깜깜한 방에서 타인이 어떻게 치워줄 수 있으며 매번 이런 일이 있을 때마다 타인에게 치워달라고 말할 수 있을까요? 내 인생은 앞으로도 노력한 만큼만 나아갈 텐데 그때마다 매번 누군가에게 기댈 것인가요? 내가 치우면서 또는 피해서 가야 하지 않을까요? 그래야만 내가 갈 수 있는 길을 마음대로 갈 수 있지 않을까요?

결국 답은 이렇습니다. '당신이 직접 팔아봐야 한다는 것'. 잘 못하지만 직접 해보면 내가 어떤 문제에 반응하고 부딪히게 되는지 알게 됩니다. 앞으로 이것을 팔 때 어떤 점을 보완해야 하는지, 어떤 도움이 필요한지도 알 수 있습니다. 자신이 잘 못하는 부분과 대면하고 싶어 하지 않고 회피하지만, 회피하는 그것조차 '나' 자신의 모습임을 인식하고 극복해나간다면 잘하는 나와 못하는 나, 회피하는 나까지 모두 내 삶으로 만들어가는 '확장의 삶'을 살 수 있을 것입니다.

김 영 휴 의 한 마 디 :

나를 알고 타인을 알 수 있는 것은 내 안에 우주가 있기 때문이다. 같은 방법으로 타인과 세상 사람들의 보편타당한 욕구와 욕망을 알 수 있다.

'핫하게 치고 빠지는 아이템'으로 사업을 해도 될까

핫한 아이템으로 빨리 치고 빠지는 방식. 이러한 사업 방식을 '한탕주의'라고들 하는데 이것이 꼭 잘못되었다고 생각하지 않습니다.

그 사람이 선택한 하나의 사업 방식일 테니까요. 하지만 '나는 지속하는 게 좋아. 오랫동안 하고 싶어'라고 생각한다면 마음 안에 있는 가치가 상충할 수 있습니다. '돈과 오래가는 기업, 무엇을 선택할까' 하고요.

만약 치고 빠지는 한탕주의 사업을 하고 싶다면 이런 질문을 자신에게 한번 해보면 어떨까요? '한탕으로 돈을 벌었다면 그다음엔 무엇을 할까?' 여기에 대한 준비가 되어 있어야 하지 않을까요? 그다음 선택은 자신의 몫이라고 생각합니다.

김 영 휴 의   한 마 디 :

핫한 이슈는 또 다른 핫한 이슈로 핫하게 사라진다.
반대로 느리게 변화하는 것들은 도둑처럼 다가오고 도둑처럼 진화한다.

나는 왜
창업을 하고 싶을까?

—

요새 창업을 생각하는 젊은 분들 중에는 부모님의 반대에 부딪치는 분들도 계신 거 같아요. 별다른 어려움 없이 부모님의 보호 아래 성장한 탓에 '제때 시집 가서 주부로 평범하게 사는 게 제일이다'는 말씀을 그냥 무시하기 어렵죠. 힘든 일을 해본 적이 없으니 불안하고요. 그런데도 창업에 자꾸 미련이 남는다며 어떤 선택을 해야 하는지 고민을 해요.

그런 분들에게 저는 이렇게 묻고 싶습니다. 부모님이 권해주는 삶을 살기 싫은 이유는 무엇입니까? 그 이유와 당신이 만나야 합니다. 혹시 '내 삶의 주인으로 사는 데 합당하지 않아서'가 아닌가요? 누군가에게 의존하면서 살아야 하는 삶. 그것이 두렵고 싫은 건 아닐까요? 경제적 자율권을 남편에게 건네준 채 살아가는 삶이 싫어서 창업을 하고 싶은 건 아닐까요? 어쨌든 내가 주인이 되어 살지 못하는 삶이 싫어서 창업을 하고 싶을 수 있습니다. 그런데 창업을 하려고 하니 불안합니다. 안 해본 것이니 당연히 불안할 수 있습니다.

무언가를 하고 싶지만 두려움이 앞설 때, 두려움의 실체와 욕망의 실체를 각각 분리해서 들여다보세요. 과연 나는 무엇이 두려울까? 그 실체가 무엇일까? 그리고 창업을 하고자 하는 욕망의 실체는 무엇일까? 나는 왜 자꾸 그 일에 미련이 남는 것일까?

삶을 주도적으로 살기 위해 부모님의 반대를 무릅쓰고 창업을 해야겠다고 결정했다면, 이제 두려움의 실체와 직면해야 합니다. 무엇이 가장 두려운가요? 장사를 하고 싶은데 아무런 경험이 없나요? 그러면 노점에서 아르바이트부터 시작해보세요. 내가 어떨 때 기분이 좋고 어떨 때 나쁜지를 경험할 수 있습니다. 동네 카페에서 아르바이트를 해볼 수도 있습니다. 타인을 배려하는 연습을 해보고 내가 서비스업에 잘 맞는지, 어떤 부분이 힘든지를 경험해볼 수 있습니다. 자신이 불안해하고 있는 부분이 무엇인지 그 리스트를 만들어보고 하나씩 하나씩 까면서 부딪혀보세요. 이런 경험을 하지 않고 그냥 시작을 하는 방법도 있는데, 거기에는 시행착오가 반드시 따른다는 것을 알고 있어야 합니다.

어쨌든 두 가지 모두를 가져가느냐 못 가져가느냐에 대한 답이 아니라, 내가 왜 창업을 하고 싶은지, 하게 된다면 무엇이 두려운지에 대한 답을 찾는 게 우선일 거예요. 부모님의 말을 듣지 않는다는 건 편안한 삶의 형태를 포기한다는 의미와 같습니다. 왜 그런 대가를 지불하면서라도 창업을 해서 삶의 주도권을 쥐기를 원하는지, 마음을 잘 들여다보세요. 제 얘기가 조금은 도움이 되었으면 좋겠군요.

김 영 휴 의 한 마 디 :

앎과 삶의 지평은 다르다.
앎은 정보의 영역이고 삶은 라이브 게임의 영역이다.
내 인생은 내가 선택한 라이브 게임을 책임지는 것에서부터 시작된다.

내가 좋아하는 일, 잘하는 일, 즐기는 일을 찾는 가장 확실한 방법

—

내가 좋아하고 잘하는 일은 분명 자신이 반복하고 있는 일일 가능성이 높습니다. 가장 오랜 시간 동안 하고 있을 것이고, 숨어서도 하고 있고, 지탄받아도 하고 있을 것입니다. 아마 돈이 되든 안 되든 하고 있을걸요? 남의 평판에도 굴하지 않고 지속하고 있는 일이 있다면, 일을 하면서도 시간을 내어 계속하는 일이 있다면, 그것이야말로 내가 좋아하는 일, 잘하고 즐기기까지 하는 일일 수 있습니다. 그리고 이것이 곧 개인의 재능일 가능성도 매우 높습니다.

어떤 사람의 경우, 이것이 그저 개인적인 취미라고 생각하고 자신의 재능이라는 걸 못 깨닫는 경우도 있습니다. 만약 그것이 직업이 된다면 비범한 존재가 되었을지도 모릅니다. 돈이 되든 안 되든 평판에도 굴하지 않고 하고 있는 것, 그것이 바로 좋아하는 것이고 잘하는 일, 즐기는 일을 겸한 것일 거예요!

김영휴의 한마디

즐기는 일은 시도 때도 없고 돈이 되지 않아도 지속한다. 즐기는 가운데 에너지가 재생산되기 때문이다. 재생산 에너지는 꼬리에 꼬리를 무는 오만 가지 가능성의 이야기 소재가 된다.

내향적이고 소심한 성격이
걱정된다면

—

사업가에 '적합한 성향'이라는 것은 없답니다. 누구나 가능해요! 다만 보완해야 할 영역이 좀 다를 뿐이죠. 내향적이고 소심하다면 매사에 좀 더 치밀하고 세심할 수 있습니다. 이런 성격이 잘못되었다, 사업에 맞지 않는다고 생각할 필요 전혀 없어요. 모든 자기계발서를 보면 성공한 사람들에게는 패턴이 있습니다. 그러나 그것은 패턴일 뿐이지 답은 아닙니다. 저 같은 사람도 하는데, 누군들 못할까요. 일개 주부, 직장·조직생활 한 번도 해보지 못한 저 같은 사람도 해나가고 있잖아요.

먼저 리더로서 그 자리에 서보세요. 그렇게 자신의 성향대로 일을 해나가다 보면 그것이 어딘가에 부딪힐 때가 올 것입니다. 그럴 때 보통 사람들은 '틀렸다'고 생각하지만 그때 약간의 태도만 달리해도 모든 게 달라질 수 있답니다.

많은 사람들이 장애물과 부딪히면 피해 가야 한다고 생각하지만 저는 '돌파해야 할 것이 왔구나.' 하고 생각합니다. 문제를 보는 태도가 다른 것이죠. 이때 삶은 확장됩니다. 일을 하는 과정에서 나의 성향으로 인해 부딪히고 문제 앞에서 자꾸 멈춰 서게 된다면 그것이 바로 내가 보완해야 할 부분을 찾은 지점입니다. 그것을 돌파하지 않고 돌아서 간다면 안전할 수는 있지만 삶이 확장되지는 않습니다. 그러나 그것을 돌파한다면 그다음, 훨씬 넓어진 삶의 다음 단계로 나아갈 수 있습니다. 물론, 어떤 것이 답이라고 할 수는 없습니다. 자신의 선택이니까요.

김 영 휴 의   한 마 디 :

내향적이든 외향적이든 틀린 성격이란 없다.
단, 진정함과 솔직함은 모든 관계의 만사형통 솔루션이다.

사람과 잘 어울리는 편이 아닌 사람도
사장이 될 수 있을까?

—

　'오만 가지'라는 말이 있습니다. 정말 오만 가지 이상의 경우의 수가 있다는 뜻입니다. 그런데 내가 아는 것은 3천, 3백, 아니,

30가지일 수 있습니다. 그렇다면 나머지 경우의 수에는 어떻게 대처할 수 있을까요?

즉, 내가 부딪쳐 경험하지 않고는 절대 알 수 없습니다. 머리로만 수영할 수 없듯이 말입니다. 다만, 경험을 할 때에 생각이 도움이 될 수는 있습니다.

저는 '역지사지'를 늘 적용했습니다. 직장생활을 한 경험이 없었기 때문에 직원과 함께 일하고 생활하는 방법을 처음부터 알 수는 없었습니다. 그래서 '내가 직원이라면 어떤 사장이 좋을까?'를 늘 생각했습니다. '사장이 이렇게 해주면 참 좋겠다'고 생각하는 행동들을 실천했습니다. 직원들이 무리한 요구를 해올 때면 '당신이 사장이라면 그게 가능하겠어요?' 하고 역으로 묻기도 했고요.

수영을 한 번도 해보지 않은 사람이 수영하는 것을 늘 상상만 한다고 해서 수영을 잘할 수 있을까요? 사람과의 관계 역시 상상 속에서 해결되는 게 아닙니다. 백인백색의 삶의 프레임과 레퍼런스가 모두 다르기 때문에, 설령 내가 많이 보고 이해해서 잘 안다고 하더라도 그들이 내가 아는 범위에서 작동하지 않으면 어떻게 될까요?

혼자 지내는 데 익숙한 분들은 사업을 시작하고 누군가와 함께 일한다는 게 불안할 수 있을 겁니다. 하지만 여러 상상을 해도 사람들 속에 놓여 직접 여러 상황들과 부딪히지 않으면 답을 얻을 수 없습니다. 당신이 직원이라면 어떤 사장을 원할까. 그런 역지사지의 마음으로 얻은 대답을 하나씩 실천해보길 권합니다.

혼자서 하는 일은 잘하지만
여러 사람과 함께 일하기는 어렵다면

—

　　사업은 '어떻게 생각하느냐'의 게임인 것 같습니다.
"이건 내가 영원히 할 수 없는 거야."
"이건 해나가다 보면 극복할 수 있어."

　　같은 상황에서 이 두 가지 생각은 전혀 다른 방향을 제시합니다.
경험이 부족하다면 경험을 하면 됩니다. 내가 안 해보고 서툰 부분
에 대해 '이건 꼭 내가 해내야 하는 거야' 하고 생각하면 미래의 숙
제가 되고, '그냥 체념하자' 하면 미개척지가 됩니다. 이제 위의 질
문으로 돌아가서 한번 생각해볼까요.

'함께하는 일에 서툴다'라는 말 안에는 '함께하는 것만 극복하면 혼자 하던 것을 함께 더 잘할 수 있다'는 말이 숨어 있습니다. 누군가와 함께 일을 하는 데 관련된 나의 재능은 내 삶 안에 사장되어 있기 때문에 그것을 극복하면 되는 일이에요. 그러나 한편으로는 함께하는 일에 도전하고자 하는 마음이 결여되어 있기에 이러한 고민이 시작된 것임을 알 수 있습니다. '내가 이 부분에 효과적이지 않구나. 어떻게 극복하면 좋을까?' 이렇게 생각한다면 어떻게 될까요?

혼자서 하는 일은 잘 할지 모르지만 더불어 협업을 통해 얻을 수 있는 즐거움과 고귀한 가치를 모르고 산다는 건 참 안타까운 일인 것 같아요. 인간이 동물과 다른 점은 협력한다는 것입니다. 혼자 함으로써 나의 진가를 발휘할 수도 있겠지만 함께함으로써 우리가 얻을 수 있는 마법 같은 즐거움, 기쁨, 그런 건 좀 다릅니다. 혼자서는 절대 할 수 없는 것을 함께함으로써 얻어냈을 때의 기쁨, 개인이 가진 1차적인 지능이 아닌 조직지능, 사회지능을 작동함으로써 맛보는 마법의 즐거움, 이런 것은 따로 있습니다.

경험하지 않았다면 경험을 통해 미개척지를 개척해보라고 권유하고 싶습니다. 그리고 함께 일함으로써 얻을 수 있는 새로운 기쁨을 맛보라고 말해주고 싶습니다. 사업은 '어떻게 생각하느냐'의 게임이라고 했으니, 지금 가지고 있는 그 감각 위에 자신의 서툰 부분을 미래의 숙제로 가져가 극복해내면 어떨까요?

사업의 크기는 고객과 직원의 숫자를 의미하기도 한다. 여러 사람과 함께 하는 일이 어렵다면 그건 내가 잘하지 못하는 영역이라는 뜻이다. 동시에 도전하고 개척해볼 만한 영역이기도 하다. 여러 사람이 함께하는 일이 어려운 이유는 내가 여러 사람에게 기여하고 헌신한 것보다 그 이상을 바라기 때문이다.

우유부단한 사람들을 위한 조언

—

우유부단한 사람들은 대부분 다른 사람들과 잘 지냅니다. 자기주장을 강하게 하지 않기 때문입니다. "내 생각은 너와 달라." "싫은데." 이런 말을 잘 못합니다. 즉, '나는 이런 사람이야' 하는 '캐릭터 컬러'를 내놓지 않는 사람이라는 의미와도 같습니다. 겉으로는 매우 적극적인 것처럼 보이지만 실은 소극적인 경우가 많습니다. 틀렸다는 게 아니라 관계에 있어 그렇다는 뜻입니다.

관계에 소극적인 것은 일에 소극적인 것이고, 일에 소극적인 것은 곧 책임지는 일은 적극적으로 하지 않는다는 뜻이기도 합니다.

책임지는 일을 못한다는 것이기도 하고 성취도도 낮다는 의미와 상통합니다. 책임을 지지 않기 때문에 책임지는 일을 못하고 성취할 일이 없습니다. 성취는 책임을 가져다주는 결과물로 느낄 수 있는 것이니까요. 보통 우유부단한 사람들은 책임을 지지 않는 범위 내에서만 일을 합니다. 그러다 보니 사건 사고는 없지만 크게 이루어지는 일도 없지요. 무색무취의 확률일 가능성이 매우 높습니다.

누군가가 나에게 사업 자금으로 1억 원을 투자한다고 해봅시다. 투자하면서 그 1억 원의 가치를 얼마만큼이라고 말해주는 사람은 없습니다. 돈이 많아서 그냥 재미 삼아 준 것인지, 나를 붙잡아두기 위해 준 것인지, 나의 가능성을 보고 준 것인지… 어떤 기대로 주는 것인지 그 속내를 결코 말하는 법이 없습니다. 그래서 돈을 받고 나면 주도성을 잃게 되는 경우가 많습니다. 돈을 준 사람에게 끌려다닐 수밖에 없게 됩니다.

자신이 우유부단하다고 생각된다면, 창업을 함으로써 벌어지는 일들에 대해 책임질 준비가 되었는지 스스로 성찰해보시기 바랍니다. 일을 주도하는 사람은 절대 관망하지 않습니다. 자신의 캐릭터를 명확하게 드러내며, 자신과 손뼉을 마주칠 사람과의 협력을 이끌어냅니다. 협력이란 '하거나' '안 하거나' 둘 중 하나입니다. 나와 뜻이 맞으면 협력하고 아니면 안 하거든요. 우유부단한 태도로 거절당하기 싫어 적극적으로 관계에 대한 의견을 표명하지 않거나, 책임지고 싶지 않아 다른 사람이 정해준 범위 안에서 끌려다녀야 한다면 창업의 길은 결코 수월할 수 없을 거예요.

김 영 휴 의   한 마 디 :

일이 많아진다는 것은 선택할 일이 많아지고 책임질 일도 많아지며 복잡한
것을 판단할 일이 많아진다는 뜻이기도 하다. 그로 인한 성취감을 맛볼 기
회도 많아진다는 것이다.

창업은 하고 싶지만
인맥이 부족해 걱정이라면

—

　늘 이야기하곤 합니다. 초보가 선수가 되고, 선수가 고수가
되는 길은 단 하나. '부딪쳐 해보는 것'밖에 없다고요. 끊임없는 연
습밖에 또 어떤 답이 있을까요.
　연습을 하되 이왕이면 고수 코치가 있으면 좋을 것입니다. 하지
만 대부분 그런 코치를 처음부터 얻기란 힘들 거예요. 고수 코치도
어느 정도 잠재력 있는 초보를 만나고 싶지, 할지 말지도 결정하지
않은 초보를 만나고 싶어하지는 않을 것입니다. 그러니 부딪히고
깨지면서 자기 경쟁력을 확보하는 것 외에 뭐가 있을까요? 게다가

우연한 기회로 좋은 인맥들을 갖게 되었다 하더라도 나 자신이 선수가 되지 못한다면 그러한 외부 요건을 활용할 수 없을 것입니다. 슈퍼 네트워크를 가지고 있다 하더라도 내가 준비되어 있지 않고, 내 그릇이 맞지 않다면 그런 내가 감당할 수 있는 인맥에는 한계가 생길 것입니다.

인맥이 부족하다는 사실을 걱정하기 전에 내가 가진 것과 나의 등급, 수준을 채우기 위한 노력을 선행해보는 게 어떨까요? 자신이 하는 일에서 어느 정도 수준에 이르렀을 때 네트워크를 채워나가도 늦지 않습니다. 내가 어떤 준비도 되지 않았는데 좋은 인맥을 얻었다고 해서 그게 무슨 소용이며 그 관계가 지속될 수 있을까요? 인맥이 유지·관리되려면 서로 주고받을 수 있는 영향력이 있어야만 합니다. 상대의 인맥을 이용하고 도움을 받기만 하는 관계는 결코 오래가지 못합니다. 나 또한 그 상대에게 기여하는 존재로 있을 때 공존할 수 있습니다. 이것이 관계와 자연의 법칙이니까요.

많은 사람들이 실력을 갖추지 않은 채 골프 쳐가며 인맥만 쌓으면 된다고 생각합니다. 하지만 이러한 관계는 상대에게 피해만 줄 뿐입니다. 내가 별 볼 일이 없다면 상대가 나에게 무엇을 줄 수 있을까요? 내가 누군가에게 기여가 될 수 있는 존재가 되는 것, 자기 경쟁력을 갖추는 일에 먼저 시간과 노력을 투자해보시는 게 어떨까요?

인생에 정답은 없다. 우물 안의 개구리가 가진 근성은 한 우물에서만 노는
몰입의 근성이 되기도 한다.

오랜 기간 준비한 창업,
막상 시작하려니 다 잃을까 두렵다?

—

　　정말 성실하게 창업을 준비하고도 정작 마지막 단계에서
망설이는 분들이 많습니다. 당신을 불안하게 만드는 두려움의 실
체는 무엇인가요? 그것을 리스트로 만들어보세요. 그 불안과 두려
움이 '하고 싶다'는 나의 욕망을 넘는다면 창업을 시작해선 안 됩
니다.

　인간은 안전하게 살고 싶은 욕구도 있지만, 지속 성장에 대한 욕
구도 가지고 있습니다. 지속 성장에 대한 욕구는 안전 욕구 다음 단
계의 욕구로서 이것을 외면하면 삶이 헛헛합니다. 삶이 안정되고
편안하지만 뭔가 계속 재미없고 찜찜하거든요. 안전하고자 하는 열
망이 더 크다면 안전하게 살면 되지만, '해보고 싶은데' '해봐야 하
는데' 하며 계속 꿈을 꾸게 된다면 한번 부딪혀보세요. 뭐 어떤가

요! 내 삶이 거꾸러지지 않는 범위 안에서 실행하면서 근육을 길러보는 거죠. 제가 경험해보니 성취하면서 얻는 만족감이 안정감으로부터 얻는 만족감보다 훨씬 크고 짜릿하더라고요. 이러한 인간의 끝없는 욕망이 문명을 발달시킨 게 아닐까요?

따라서 안전하고 편안하게 가는 길을 선택한다 해도 계속해서 해보지 못한 길에 대한 욕구가 꿈틀거릴 것 같다면, 도전해서 성취해보라고 말해주고 싶습니다. 생각 모드와 실행 모드, 탐색 모드와 공격 모드는 각각 다르고, 일단 실행하면 생각 모드와 탐색 모드의 불안은 작동하지 않습니다.

불안은 거세됩니다.

김 영 휴 의　한 마 디 :

안전 욕구 다음에는 지속 성장과 동반 성장 욕구가 뒤따라 온다.

술을 못 마시는 게
창업에 걸림돌이 될까?

―

술을 잘 못 마시고 술자리 문화에 익숙하지 않은 걸 걱정하시는 분들도 많은데요. 만약 술이 창업의 경쟁력이라고 생각한다면 술을 배워야 합니다. 아니라면 상관없지 않을까요? 골프도 마찬가지입니다. 많은 사람들이 비즈니스는 술과 골프를 통해 이루어진다고 생각하지만 실제로 술과 골프는 사업의 성패를 결정하지 않습니다. 술을 못 마셔도 자기경쟁력을 확실히 갖추고 창업에 신념을 가지고 있다면, 그것이 곧 사업의 성패 여부를 어느 정도 결정합니다.

술을 먹음으로써 얻을 수 있는 이점도 있고, 먹지 않음으로써 얻을 수 있는 이점도 있을 것입니다. 그렇다면 어느 쪽이 진짜일까요? 술이 커뮤니케이션을 촉진시키는 도구가 될 수는 있지만 꼭 좋은 도구라고 생각하지는 않습니다. 여성의 경우 수다를 떨고 함께 이야기를 나누는 것으로도 충분히 술자리를 대체할 수 있습니다. 취미 활동을 통해서도 가능하고 커피를 마시며 할 수도 있습니다. 술이 없으면 안 되는 사람은 늘 술이 필요하겠지만, 술이 필요 없는 사람이 술을 마시면서 이야기할 땐 색다른 분위기로 시너지를 낼 수도 있을 것입니다. 즉, 술은 사업에 있어 절대적인 경쟁력이 아니라는 것입니다. 술을 능가할 수 있는, 술이 필요하지 않은 자기경쟁력을 기르는 데 집중해보길 권해봅니다.

김 영 휴 의 한 마 디 :

비즈니스는 술이 하는 게 아니라 술의 힘을 빌려 사람이 하는 것이다.

전공과 무관한 분야의
창업을 해도 될까?

—

전공이라는 것은 한 분야에 대한 정보를 얻은 것이라고 생각합니다. 하지만 '아는 것'과 '실행하는 것'은 다르잖아요. 아는 것은 정보 습득이라면, 하는 것은 '라이브 게임'입니다. 물론, 아는 것과 실행하는 것이 일치하면 더 나을 수 있고 에너지도 덜 분산될 수 있습니다. 그러나 앎의 영역과 삶의 영역은 엄연히 다릅니다. 그둘이 같다고 해서 꼭 잘 하는 것만도 아닙니다. 앎은 앎일 뿐이니까요.

따라서 전공하지 않은 것에 대한 두려움, 즉 '잘 알지 못한다'는 두려움 때문에 라이브 게임에서 주저하지 말고 도전하고 부딪혀서 몸으로 체득하는 경험을 축적해나가 보세요. 제 경험을 나누자면, 알고 하는 것보다는 두려울 수 있지만 직접 부딪혀 얻는 것이 더 확실할 수 있더라고요.

김영휴의 한마디 :

뇌 과학자들에 의하면 생각 모드 두뇌 부위와 실행 모드 두뇌 부위는 작동하는 영역이 다르다.

누군가의 투자 제안에
준비한 사업 계획이 흔들린다면

—

혼자서 차분히 사업을 준비하시던 분들도 누군가 사업한다는 이야기를 듣고 '같이 하자, 투자하겠다'고 제안하면 마음이 흔들리고 자기만의 계획을 수정하는 경우를 많이 봅니다. 물론 돈은 편리한 것입니다. 편리한 것은 유익하기도 하지만 독이 되기도 합니다. 사업의 경쟁력은 결코 돈이 아니랍니다. 돈이 없어도 가능할 때에야 비로소 돈이 있으면 유용한 것이 됩니다. 아무것도 할 수 없는데 돈이 있다고 다 될까요? 돈이 있다면 좀 더 편하게 속전을 할 수는 있겠습니다. '무엇을 어떻게 할까'를 생각해볼 수 있을 것입니다. 그게 곧 편리함이며 동시에 독이 된다는 뜻입니다. 그런 편리한 상황이 효과를 내지 못했을 때 그것은 곧 독이 되어 돌아옵니다. 따라서 더 편리하게 사업을 시작하기보다는, 최소한의 자본으로 외부의 돈이 없어도 할 수 있는 일로 시작해보세요. 그렇게 시작했는데 돈이 생긴다면 얼마나 시너지가 날까요.

김 영 휴 의 한 마 디 :
....

편의가 곧 제약으로 나타날 수도 있으며 더 큰 편의에 익숙해지면
더, 더, 더 큰 편의를 찾아 나서게 된다.

102

다다익선의 편익은 창업과 삶의 미약이다.

체력이 약한 사람도 창업할 수 있을까?
남자들과 겨룰 수 있을까?

—

남자들과 힘겨루기를 할 게 아니라면 체력이 무슨 상관이 있을까요? 그렇다면 혹시 정신력이 약한 건 아닐까요? 점검해보세요.
창업은 생존 게임입니다. 생존 게임은 체력 게임이고, 체력 게임은 지구력 게임이며, 지구력은 곧 정신력을 의미합니다. 이런 함수 관계를 잘 따져봐야 합니다. 창업은 내가 손에 쥐고 있는 걸 쓰는 게임입니다. 그걸 다 쓰고 나면 견뎌야 합니다. 그때부터는 내 안에 있는 잠재적인 것들을 끄집어내어 써야 하는데, 내 내면의 잠재력을 보는 통찰력과 버틸 수 있는 힘이 없다면 어떻게 될까요? 남자가 여자보다 물리적으로 힘이 센 건 사실이지만, 힘겨루기를 하는 일이 아니라면 우리가 갖추어야 할 것은 어떤 상황에서도 자신의 남다른 통찰력과 비범한 정신력일 거예요.

한계는 내 마음이 정한 가이드 라인이다.

사장이 되어도 일하는 재미를
놓치지 않을 수 있을까?

—

창업은 잘 모르는 사람이 저지르거나 이미 알고 있는 사람이 저지르는 두 가지 경우만 있습니다. 잘 모르는 사람이 저질렀다면 하는 과정을 통해 알아가면 됩니다. 이미 알고 있는 사람이라면 돌파구를 찾아가면 됩니다.

그런데 어중간하게 그 사이에 있으면 고민을 하게 됩니다. 직원으로 회사를 다닐 때야 일을 즐기며 잘한다는 소리도 들었는데, 막상 내 사업을 시작해 사장이 되면 돈 버는 데만 급급해 일하는 재미를 잃어버리지 않을까? 그냥 다니는 회사나 열심히 다닐까? 이론과 실제의 딜레마 사이에서 고민이 시작되는 것이죠.

내가 무엇을 보지 못하고 있는지를 살펴보세요. 나의 문제 해결 능력과 내가 갈망하는 것 사이 어디에 당신이 서 있나요?

사업을 하면서 일을 즐기려면, 사업을 하는 데 대한 모든 책임을 내가 져야 한다는 것. 대가를 당연히 지불해야 한다는 데 대해 결론을 내리고 가야 합니다. 당신의 내면을 들여다보세요. 돈에 대한 책임을 져야 하기 때문에 일을 즐길 수 없게 된다면 과연 창업을 해도 되는 것일까요? 스스로 묻고 답을 해야 하고, 내가 실제로 할 수 있는 것과 생각하는 것의 간극이 얼마나 되는지 정확히 보아야 합니다. 답을 찾았다면 그 간극만 해결하면 됩니다.

그러나 문제는 봐도 보이지 않을 때가 있다는 것입니다. 태어나서 처음 보는 건 보고 있어도 그게 무엇인지 모르기 때문입니다. 우리가 카메라로 사진을 찍을 때 아무것도 모르는 상태에선 아무렇게나 찍지만 알고 나면 구도를 잡아서 찍습니다. 자꾸 보아야만 구도를 잡을 수 있고, 나 자신 또한 자꾸만 보아야만 나를 성찰하는 시력이 좋아집니다. 계속 반복하지만, 두려움의 실체는 부딪쳐 헤쳐 나가는 것이 맞습니다. 그래서 저는 실행하면서 일어나는 경우의 수들을 호기심으로 맞이합니다. 피하려고 하면 두려움이 될 테니까요. 맞이할 준비가 되었다면 손님이 오는 게 설레지만, 안 오면 좋겠다고 생각했는데 오면 짜증부터 날 것입니다.

창업을 하고 싶다면 그로 인해 오게 될 두려움을 어떻게 맞이할 것인지 그 태도를 결정하세요. 그리고 자꾸 자신을 들여다보세요. 요즘 많은 자기계발서에서 '다 잘 될 거야' 하고 말하는데, 그 말을 듣는다고 해서 행복해지지 않습니다. 변화의 시작은 있는 그대로 보는 것입니다. 변화를 꿈꾸고 있다면 변화를 모색하고, 있는 그대로 바라보고 직면해나가세요. 그렇지 않다면 편하고 안정적인 방법을 선택하면 됩니다. 그게 틀린 것은 아니니까요.

무엇을 즐긴다는 것은 내 능력 범위 안에서 하는 노력.
힘이 든다는 것은 그것을 감당할 준비가 덜 되었거나
그것을 돌파할 노하우가 없다는 것.
그럼 이제 무엇을 해야 할까?

멘탈이 약한 사람이
지치지 않고 일하려면

—

에너지가 빨리 소진된다는 것은 외부와의 심리 게임, 실제 게임에 취약하다는 뜻일 거예요. 보통 사람들은 대부분 '내가 멘탈이 약하다, 강하다' 이런 걸 별로 의식하지 않고 살아갑니다. 따라서 이것을 의식한다는 것은 게임에 약하는 뜻이 될 거고, 빨리 지친다는 것은 이러한 게임에 준비되어 있지 않다는 뜻일 거예요. 에너지가 샘솟는 사람들이 특별한 울트라 비타민을 먹어서 그런 건 아닐 거거든요. 다만 그들은 에너지를 얻는 방법을 가지고 있을 거예요. 대체 그게 뭘까요?

그것은 바로 '성취감'입니다. 어떤 일을 해낼 때 우리는 '앗싸!' 하고 에너지를 얻습니다. 반대로 날마다 외부와의 관계에 필요 이상으로 신경을 쓰는데 성취감이 없다면 에너지가 소진됩니다. 혹시 이런 상태가 지속되고 있나요? 그렇다면 내가 무엇이 부족하고, 무엇과 싸우고 있는지, 어떻게 대처해야 하는지에 대한 내부 성찰이 잘 안 되어 있을 수 있습니다.

이럴 때 우리는 선택해야 합니다.

'이런 시간을 계속할 것인가?'
'돌파할 것인가?'

만약 당신이 '돌파하겠다'고 한다면 계속 당신을 힘 빠지게 만드는, 즉 좌절하게 만드는 게 무엇인지 그 리스트를 한번 쭉 뽑아보세요. 그 리스트를 찬찬히 보면서 내가 어떤 부분에서 준비가 안 된 사람인지 파악해보는 겁니다. 그리고 그 부족한 부분을 준비하면 되죠. 준비해서 같은 게임을 반복해보면 여전히 좌절하는지, 성취를 얻을 수 있는지 알 수 있거든요. 에너지는 여기에서 얻을 수 있습니다. 성취가 지속된다면 끊임없이 에너지를 채울 수 있을 거예요.

힘든 일은 힘을 들여야 하고,
힘을 기르는 과정은 근육을 만드는 과정이다.
근육이 강하면 지치지 않는다.

사업에 적극적으로 뛰어들고 싶지만
엄마, 아내라는 역할이 발목을 잡는다면

—

먼저 자신이 정말 창업을 하고자 하는 이유와 목표가 무엇
인지 스스로 물어보세요. 거기에 대한 대답이 나왔다면 가족의 협
조를 이끌어내보세요. 당신을 지지한다면 그들의 협조를 얻으며 앞
으로 나아가고, 반대한다면 그 반대를 극복할 수 있는 방법을 찾아
보세요. 마음속의 갈등이 지속된다면, 계속 그 갈등 속에 머물러 있
을 수밖에 없거든요.

저도 비슷한 경험을 했습니다. '나는 왜 창업을 해야 하는가'를
자신에게 질문했을 때 답은 하나였어요. '나로 살고 있나'라는 질문
에 대한 답이 '행복하지 않아서'였습니다.

나로, 엄마로 온전하기 위해서는 내가 하고 싶은 일을 해야 한다고 생각했습니다. 명쾌하게 결정이 섰기 때문에 가족의 반대가 지속된다면 홀로 표표히 걸어가겠다는 각오까지도 했습니다. 내가 행복하지 않으면 아이들에게도 잘해주지 못하고, 늘 짜증만 내고 우울감에 빠질 게 뻔했습니다. 그러면 아이들이 온전하게 자라날 수 있을까요? 여기에 대해 진지하게, 또 함께 고민하지 않는 동반자라면 함께할 이유가 없다고 생각한 것입니다.

당시 저의 아이들은 초등학교 2학년, 4학년이었는데 그들이 본 엄마는 늘 우울했습니다. 그래서 저는 아이들에게 협조를 구했습니다. "너희들이 도와주면 엄마는 할 수 있어." 아이들은 "우리가 도울게. 엄마!" 하며 저를 지지해주었습니다. 말을 못하는 10개월 된 아이들도 엄마가 아픈 건 본능적으로 압니다.

아내의 온전한 삶에 관심이 없는 남편이라면 결혼을 지속할 이유가 없다는 생각으로 과감하게 밀고 나갔고, 결국 남편의 지지까지 얻어내었던 것은 저 스스로에 대한 명쾌한 답이 있었기 때문입니다.

남편도 물론 두려움이 있을 수 있습니다. "당신도 행복했으면 좋겠어. 하지만 창업은 너무 어려운 길이잖아." 이렇게 함께 고민하는 남편도 있을 수 있습니다. 그때에는 함께 풀어나가면 됩니다. 남편이 아내의 온전함과 지속 성장에 족히 준비가 되어 있지 않다는 것을 우선은 인정하셨으면 해요. "나의 아내도 성장해야 하고, 자신의 온전함, 행복함을 위해 나아가야 한다"는 것을 서로 사전 학습한 적이 없으니까요.

그래서 저 또한 나중에는 '남편도 나도 모두 인생 학습에 무지한 피해자구나' 생각했어요. 그렇다면 서로 이혼을 하면 그만일까요? 그보다는 둘 중 누구든 앞선 사람이 선구자가 되어야 한다고 생각했습니다.

'밥을 주는 아내'라는 생각으로 자신의 프레임에 아내를 가둬놓으려는 남편이 많이 있습니다. 진정한 가족은 누군가의 희생을 통해 가족이 생존하는 것을 원하지 않습니다. 건강한 가족은 동반 성장을 지지하고 응원합니다. 가족의 성장과 행복에 관심 없다면 그는 가족을 사랑하지 않는다고 생각합니다. 다만 무지하고 준비되지 않아서 그런 거라면 가족의 반대를 있는 그대로 받아들이고 내가 그것을 어떻게 넘어설 수 있을지 그 방법을 찾아보세요.

세상 모든 사람들이 새로운 일을 시작할 때 여러분과 같은 고민을 하게 됩니다. 그러나 그 대답은 결코 밖에서 얻을 수 없어요. 그리고 이런 질문을 한다는 건 '왜 내가 이 사업을 하는가!'에 대한 명쾌한 답을 스스로 가지고 있지 않아서일 수도 있거든요. 따라서 아직도 갈등하고 있다면, 다른 사람에게 묻기 이전에 '내가 왜 창업을 해야 하는가'라는 질문을 먼저 스스로에게 던져보라고 권해보고 싶습니다. 창업을 하는 것이 내게 가족보다 중요한가? 여기에 대한 답이 '예스'라면 가족들과 집요하게 협의를 하면 됩니다. 내가 명쾌하지 못하기 때문에 협의를 이끌어내지 못하는 것일 수 있어요.

내가 이 일을 왜 하려고 하는가, 무엇을 위해 하려고 하는가, 이것이 충돌을 빚게 될 사람들에게도 공감이 된다면 무슨 문제가 될까요? 행동하지 않고 생각에만 머물러 있다면 생각 안에서만 머무를 뿐 상황은 결코 해결되지 않습니다. 먼저 스스로 결론을 낸 다음 가족들에게 협조를 요청해보세요. 파이팅입니다!

김 영 휴 의 한 마 디 :

엄마로서의 책무와 사장으로서의 책무는 다르다.
대체 가능한 일과 대체 불가의 영역을 구분해 중요도 우선순위대로 해야 한다.

육아로 인한 경력 단절로
우울을 겪고 있다면

—

결혼 전에 열심히 일하다가 육아로 경력 단절을 겪고 우울감을 느끼는 여성들을 많이 보게 됩니다. 당장에라도 창업을 하고 일을 시작하고 싶으면서도 우울감 때문에 바로 실행에 옮기기가 힘들죠. 일을 하고 싶은 마음과 우울증이 겹친 상태입니다. 저도 경험해봐서 이해해요. 참 힘들지요.

그런데 세상의 모든 일에는 순서가 있답니다. 우울증이 있는 사람이 과연 일을 잘 해낼 수 있을까요? 우울증이 어디에서 왔는지, 무엇을 하면 우울증이 해결될 수 있는지를 먼저 알고 해결해야 합니다.

보통 우울감이란 어떤 대상과 내가 원하는 대로 소통하지 못하거나, 관계를 풀어나가지 못하는 데 대한 심리적인 좌절, 불안, 소외감으로 인해 생기거든요. 그리고 이러한 시간이 지속되는 것은 스스로 돌파구를 만들지 못하고 '누군가가 해소해주겠지' 하고 바라고 있기 때문인 경우가 많습니다. 심리적인 좌절이 모두 나의 탓이 아니라 남의 탓, 누군가의 탓이라고 생각할 때 우울감은 극심해집니다. 이런 생각을 하고 있는데 상대방이 내가 원하는 대로 해주지 않는다면 어떻게 될까요? 아마 더 큰 좌절감이 엄습해올 거예요.

우울감을 극복하기 위해서는 지금 이 우울감을 남편이, 가족이, 혹은 누군가로 인해 해결될 것이라는 기대를 우선 버려야 합니다. 내 안에 있는 우울감은 나와의 소통을 통해서만 해소될 수 있습니다. 나는 어디에서 좌절감을 느낄까? 누구와의 관계에서? 혹은 어떤 일에서? 어떤 경우에? 이런 것들을 살펴보고 직면해보세요. 그리고 이것을 해소하기 위해 나는 무엇을 하면 될까? 여기에 답을 얻은 다음 일을 시작하면 됩니다. 그리고 훨씬 수월할 거예요.

김 영 휴 의 한 마 디 :

우울증이란 자기 자신을 돌보라는 시그널이라고도 한다.
내가 온전해야 내가 하는 업도 온전하다.

연인 혹은 남편이
창업에 반대한다면

—

연인이나 남편이 창업을 반대한다면 창업에 앞서 관계를 재정립할 필요가 있습니다. 공자님의 말씀 중에 이런 말이 있습니다.

애지욕기생[愛之欲基生]
: 사랑은 그 사람을 살게 해주는 것이다.

즉, 상대가 더 잘 되기를 바라는 마음이 곧 사랑이라는 것입니다.

혼자보다 함께 더 잘되기 위해 우리는 누군가를 만납니다. 진정 사랑한다면 당신이 하고 싶은 일을 응원해주어야 하지 않을까요? 그 연인은 단지 당신을 소유하기 위해 만나는 것은 아닐까요? 혹은 남편의 불안이 당신 삶의 제약이 되고 있는 건 아닐까요?

제가 보기에 그 남자는 자신의 옳고 그름의 기준으로 당신을 맞추려고 하고 있는 듯 보입니다. 건강한 사랑이란 사랑하는 사람이 잘 되는 걸 보고 싶어 하지 이용하려 하지 않을 거예요. 혹시 당신이 사업을 하게 되면 통제가 힘들거나 불안해질 것 같아서 한 말은 아닐까요. 하지만 그런 두려움으로 인해 당신이 아무것도 할 수 없다면, 건강한 상생 관계는 아닐 거예요. 묻고 싶어요. 당신은 정말, 그래도 괜찮은가요?

김 영 휴 의 한 마 디 :

일과 관계를 분별하지 못하면
일과 관계는 감정의 혼란에 빠지기 쉽다.

시댁을 돌보느라
창업이 망설여진다면

—

　시댁을 돌보아야 해서 자기 꿈을 포기할까 생각하는 아내 분들도 계시죠. 당신은 참 착하고 좋은 사람이군요. 하지만 저는 묻고 싶습니다. 당신은 남편과 결혼했나요, 아니면 그의 부모님과 결혼했나요?

　시댁 어른을 돌봐드리는 것이 잘못이라는 게 아니라 나의 생존권과 도의적인 관계, 감정이 섞여서 내 삶을 건강하게 추스르는 데 효과적이지 않다는 뜻입니다. 건강한 관계를 지속하려면 내가 먼저 심신 양면으로 자립하고 자율적으로 살아야 가능합니다. 그래야 부모님 또한 지치지 않고 돌봐드릴 수 있습니다.

　당신이 온전하게 살기 위해 누군가가 그 일을 대신해줄 수 있다면 대체하세요. 삶의 우선순위가 결정된다면, 그 1번이 당신 삶의 주인으로 사는 것이라면 나머지 중 당신이 할 수 있는 것은 하고, 할 수 없는 것은 대체하라고 권하겠습니다. 도의적, 윤리적 영역과 생사를 가르는 생업의 영역에 대한 분별을 먼저 한 후에 스스로 판단해야 할 것입니다. 우리는 태어날 때부터 이미 나 주식회사 대표이사였습니다. 내 삶의 CEO로서 중요도 우선순위를 구분해보는 기회를 가져보세요.

스스로 깨닫지 못한 삶의 기준은 준비가 불가하거나
했다 하더라도 언제든지 바뀌기 마련이다.

학력이 낮은 건 창업에
아무런 문제가 되지 않는다

—

정주영 회장님은 학력이 없어도 대기업 총수가 되었습니다.
이런 사례는 참 많습니다. 인생 선배님들 중 가방끈과 무관하게 성
공적으로 사는 분들은 특징이 있습니다. 바로 자신의 삶과 자신의
일에 진정한 고수라는 사실입니다.

창업을 할 때 좋은 학벌, 높은 학력이 있으면 전문성을 가지는 데
는 좋지만 사업을 잘하고 못하는 것과 학력의 함수 관계는 사실 미
미합니다. 사업은 이론으로 할 수 있는 게 아닌, 라이브 게임이라서
그렇습니다. 학력은 플러스알파는 될 수 있지만 없다고 해서 내면
에 있는 창업의 욕구나 자질을 발현할 수 없는 것은 아닙니다. 우리
부모님 세대에는 무학자인데도 장사를 해서 잘 된 경우가 많이 있
습니다.

학교가 없던 시절에도 희대의 사업가는 존재했다.

여자들은 책임감이 없다는
편견에 대해

—

여성을 포함한 많은 CEO들이 "여자들은 정말 골치 아파
요"라고 말씀하시는 경우가 있습니다. 여자 직원들은 책임감이 없
다, 그래서 믿을 수가 없다는 건데요. 저는 '여성은 책임감이 없다'
는 인식은 잘못된 것이라는 말을 먼저 하고 싶습니다. 이것은 여성,
남성의 문제가 아니지 않을까요. 그러한 '여성관'은 어떻게 만들어
진 것입니까? 혹시 남성이 만들어놓은 가치 기준을 학습한 건 아닐
까요? '여자는 이렇고, 남자는 이렇다'는 프레임은 남성 중심의 산
업 환경에서 만들어낸 프레임에 기준한 것일지 모릅니다. 산업 사
회는 많이 변화했습니다. 따라서 여성에 대한 성의 기준도 달라져
야 합니다.

현재 우리는 어떤 성의 기준으로 여성을 인식하고 있을까요? 남성
중심의 산업 생태계 속에 여성이 생존해왔고, 항상 여성의 역할은

주도적인 게 아니라 부수적인 것이었습니다. 제한된 일만을 책임지는 영역 속에 존재했던 것이죠. 이러한 산업 생태계에 여성이 쏟아져 나오기 시작한 것은 불과 얼마 되지 않습니다. 당연히 남자들에 비해 연습할 시간이 부족했을 것입니다. 여성이 원래 잘 못하도록 태어난 것이 아니라 안 해봤기 때문에 잘 못하며 서툰 것입니다.

대표보다는 비서직을 더 많이 해야 했던 여성들에게 잘못이 있는 걸까요? 남성 중심의 프레임에서 보면 당연히 여자들은 문제가 많고, 책임감도 없고, 관계 지수도 낮아 보입니다. 선수도 오래 지속하면 고수가 된다고 했습니다. 여성도 현장 속에서 다양한 연습을 오랜 시간 하면 고수가 될 수 있습니다. 관계를 풀어가고, 사람들과 협력하는 데 노출된 시간이 짧기 때문에 서툰 것이지 그렇게 태어난 것은 아닙니다. 그럼에도 마치 '책임감이 없고' '사회생활을 잘 못하는 것'이 마치 여자들이 가진 고유의 습성이라고 치부되어 왔고, 여자들은 근거 없이 그런 말을 들으며 살아와야 했습니다.

실제로 현장에서 뛰고 있는 저는 여성이기 때문에 더욱 자부심이 있습니다. 여성들에게 문제가 있다고 보지 않기 때문에, 앞으로 여성의 능력과 잠재력을 개발하는 것이 우리나라 산업 생태계를 바꿀수 있다고 생각하고 있습니다. 여자들에게 기회가 주어지지 않았고 연습할 시간이 부족했다는 것을 알아야 해요. 여자들이 미개하고 능력이 없고 한심하고 책임감이 없다고 말하는 것은 인간 일반에 대한 무지요 무례한 일이라 여깁니다.

만약 당신의 딸을 누가 그렇게 평가한다면 어떨까요? 분노하지 않을까요? 여자이기 때문에 태어날 때부터 남자보다 책임감이 덜 하고, 미개하며, 무지한가요? 그렇지 않다면 남녀는 같다는 데서부터 시작하세요. 반대로 남성 역시 '남자들은 이렇더라' 하는 생각도 금물이에요. 남녀 모두를 공평하게 두고 시작해야 공정한 게임을 할 수 있답니다.

김영휴의 한마디 :

착한 여자는 '책임감 있는 여자'라는 평가를 받는 것보다
'착하지 않은 여자'라는 말을 듣는 두려움이 더 크다.

팀장으로 일하는 것과
사장이 되는 것의 차이

—

팀장과 관리자는 리더라는 점에서 같지만 결국 그 책임 영역이 다른 것 같습니다. 경영자는 조직원들의 생과 사까지 모두 내가 결정해야 합니다. 그러나 관리자는 내가 관리하는 영역에 대해서만 책임을 지면 됩니다. 욕심의 크기만큼 책임도 따르게 됩니다.

욕심이 큰 사람이라면 그 욕심만큼 책임지겠다는 각오를 해야 합니다. 욕심은 많은데 책임을 지고 싶지 않기 때문에 갈등과 번민이 시작됩니다. 이런 질문을 자신에게 던져보세요.

'내가 무언가를 하고 싶은데 거기에 대한 책임을 오롯이 질 수 있을까?'

이 질문에 대한 답을 '그렇다'고 확실하게 할 수 있을까요? 창업을 하고 싶은 마음이 도저히 멈춰지지 않는다면 내가 경영자로서 책임져야 할 영역이 무엇인지를 들여다보세요. 그것을 감당할 수 없다면 욕심을 내려놓아야 합니다.

저의 경우, 결혼을 한 후 많은 사람들이 말했습니다. "넌 참 그림 같은 삶을 사는구나"라고요. 공기업 다니는 남편, 새로 분양받은 아파트, 아들딸 둘 낳고 부족함 없이 사는 것처럼 보였을 테니까요. 하지만 행복하지 않았습니다. 성취하며 살고 싶었고, 이런 그림 같은 삶은 결코 내가 나로 사는 삶이 아니었어요. 그래서 갈등과 불만이 쌓인다고 했더니 "그렇게 살아도 불만 없는 사람 얼마든지 많다"고들 하더군요. 하지만 저는 역으로 질문했습니다. "지금 내가 이보다 더 나은 삶에 대해 열망하는 게 잘못된 것인가요?" 저는 정말 묻고 싶었습니다. 단순히 문제가 없는 삶이 아니라 더 나은 삶, 나 자신이 더 충만한 삶을 꿈꾸는 게 정말 잘못된 것일까 하고 말이죠.

관리자로서의 삶은 자신이 담당하는 영역에 대한 책임만 지면 됩니다. 하지만 경영자로서 나다운 삶, 내가 꿈꾸는 삶을 열망하고 있다면 그 삶이 가져올 대가를 지불해야 합니다. 이제 관리자가 아닌 경영자가 된다는 것은, 나와 더불어 조직원의 생사와 이 사업을 통해 일어나는 모든 문제에 대한 책임을 스스로 진다는 의미와 같습니다. 아직 안 가본 길이기에 불안하겠지만 지금부터 부딪쳐 해보고, 알아가면 됩니다. 당신은 잘 할 수 있을 거예요.

커튼을 걷어보기 전에는 그 불안함이 가시지 않습니다. 그러나 커튼을 걷어버리는 그 한순간으로 인해 불안과 힘듦이 사라지고 허무할 정도로 눈앞이 밝아진답니다. 잘 모르고 안 해봐서 어려운 부분은 과감하게 부딪쳐 커튼을 걷어보세요. 그 실체와 마주한다면 당신의 삶이 더욱 확장되는 것을 경험하게 될 테니까요.

김 영 휴 의 한 마 디 :

책임 영역의 크기가 직함을 결정한다.

지도자와 사업가의 차이는
어디에 있을까

—

지도자와 사업가는 분명 '리더십'을 가져야 한다는 점에서 공통점이 있다고 보여요. 타인을 더 잘되게 만드는 것이 리더십이라고 한다면 타인과 함께하는 능력, 타인을 배려하고 섬기는 능력이 있어야 할 것입니다. 사업가도, 지도자도, 나를 따르는 사람이 잘되어야 내가 잘 될 수 있기 때문에 타인을 잘 되게 해야 한다는 공통점을 지니고 있는 것이죠.

그런데 지도자는 우리 팀이 추구하는 목표와 비전을 잘 공유하고 자신을 존경하고 따르게 만들면 되지만, 사업가는 여기에 보상을 더해야 한다는 점에서 좀 다릅니다. 사업가는 어느 때라도 이윤을 추구해야 하고, 그 이윤을 통해 나의 팔로어에게 만족감을 주고 기여하는 사람이어야 한다고 생각합니다. 이윤 추구를 하는 과정 중에 어떤 꿈과 비전을 갖고 있는지에 따라 이윤 추구를 효과적으로 하느냐 아니냐가 달려 있으며 이윤 추구를 잘 못하는 리더는 무능력한 리더가 됩니다.

저 또한 창업을 하고 5년이 될 때까지 여기에 대한 고민이 참 많았습니다. 성과는 나빠도 좋은 사장이 될까? 아니면 좋은 사장은 아니지만 돈을 잘 버는 사장이 될까? 꽤 심각하게 고민했습니다. 보통 5년 미만의 조직에서는 전문가를 영입하기보다는 아는 사람, 친구, 언니, 동생들과 함께 일을 하는 경우가 많습니다. 이윤 추구를 하려면 냉철하게 일과 관계를 분리해야 하는데 저는 그러지 못했습니다. 프로페셔널하게 일을 시키려고 보니 자꾸 죄책감이 들었습니다. 여자들이 특히 이런 데 취약합니다. 일과 감정의 분리, 관계와 일의 분리가 잘 안 됩니다. 기분이 나빠도 할 일은 해야 하는데 감정이 상하면 일을 틀어버리고 관계도 틀어버립니다.

창업의 초창기 때에는 대체로 이런 분별을 잘 못합니다. 저의 경우, 친구가 직원이었는데 주말에 꼭 해야 할 일이 있어도 미안해서 시키지를 못했습니다. 주중에 쉬게 해주면 되는데도 주말에 일을 시키면 내가 꼭 나쁜 사장이 되는 것만 같았거든요. '야… 사장은 친구도 이용해먹어야 하는구나' 하는 생각이 들면서 사장이라는 일이 재미가 없어지더라고요. '전업주부인 김영휴는 저 친구들과 만나 커피 마시고 이야기하며 잘 지낼 수 있는데, 사장이라는 이유로 저 친구들을 데려다가 모두 이용해먹고 있구나' 싶었습니다. 그러니 행복하지가 않았습니다. 그때 저는 깨달았습니다.

① 전업주부 김영휴
② CEO 김영휴

이 둘은 다르다는 것을요. 전업주부인 저는 친구 관계가 중요한 사람이지만, CEO인 나는 성과를 창출해야 하는 사람이었습니다. 그러나 저는 전업주부로서 CEO를 하고 있었더라고요. 성과를 추구하는 건 CEO로서 나의 덕목이지만, 전업주부로서 하니 관계가 어그러지고 갈등하게 된 것이었습니다. 그래서 창업 후 5년을 기점으로 저는 결심했습니다. 전업주부가 아닌 CEO가 되기로요.

CEO인 김영휴는 이윤을 효과적으로 추구해서 주변 사람들에게 잉여 가치로 기여하는 사람입니다. 전업주부에서 사장의 입지로 옮아가지 않는 상태에서 사업을 하니 갈등할 수밖에요. 친한 친구가 직원이면 일을 열심히 안 해도 되는 걸까요? 인적 자원을 효율적으로 관리하지 못하는 전업주부로서 CEO를 하고 있으니, 부도덕한 게 아니라 프로답지 못했던 것이죠. 일과 관계의 분별도 안 되었고요. 일과 감정의 분리도 되지 않았습니다.

사업을 하다 보면 매순간 사건과 사고가 생깁니다. 이럴 때 일과 감정을 분별하지 못하는 경우를 많이 보게 됩니다. 우리는 일을 해결하기 위해 모였는데 기분이 나빠서 일을 해결하지 않는다? 왜 그럴까요? 전업주부는 이것을 잘 못하지만 CEO는 이를 분별해서 인적자원을 효율적으로 경영해야 하는 덕목을 가지고 있어야 합니다. 전업주부는 이것을 할 필요가 없죠. 이해관계가 없으니 가족들과 사이좋게 지내고 친구들과 잘 지낼 수 있습니다. 이해관계가 있는 일과 없는 일은 분명 다릅니다.

사장은 이윤을 추구하고 성과를 내어 그것으로 직원과 고객에게 보상을 해주어야 하는 사람입니다. 아무리 좋은 사장, 존경받는 사장이라 하더라도 효과적이고 합리적인 이윤을 추구하지 못한다면 무능력한 리더가 될 수밖에 없습니다. 이것이 지도자와 사업가의 가장 큰 차이점이 아닐까요.

김 영 휴 의 한 마 디 :

두 가지 덕목의 공통점을 취하면

최적이다.

Chapter 2.

문 제 가   생 기 면   어 떻 게   하 지 ?

—

모든 문제의 답은 내 안에 있다

—

벽을 내리치느라 시간을 낭비하지 마라.
그 벽이 문으로 바뀔 수 있도록 노력하라.

코코 샤넬

창업 후 탄탄대로를 걸을
가능성이 희박하다는 사람들에게

—

창업을 하고 난 후 탄탄대로를 걸을 가능성은 매우 희박하다. 분명 갈등과 어려움이 닥칠 텐데 어떻게 하면 좋으냐고 묻는 분들이 많으십니다. 저는 바꾸어 이렇게 물어보고 싶습니다.

"창업을 한 후 탄탄대로가 열릴 가능성이 많다고 봅니다. 그것을 위해 갈등과 어려움이 닥칠 텐데 어떻게 목표를 세워야 할까요?"

'가능성이 희박하다'고 보는 이유가 무엇일까요? 가능성이 희박한 미래도, 가능성이 무한한 미래도, 어차피 가보지 않은 미래입니다. 희박하다고 보는 그 이유를 1번, 2번, 3번… 번호를 붙여 나누어 적어보세요. 그 이유 안으로 들어가면 막연한 불안감과 치밀하게 준비되어 있지 않은 리스트가 나올 것입니다.

저는 사업을 시작할 때 '이걸 하면 무조건 될 것 같다!'고 생각했습니다. 가능성이 충분할 것 같았고, 무조건 되는 시나리오만 그렸습니다. '대박이 날 건데 어떻게 하지?' 오히려 그런 생각을 했어요. 참 웃기죠? 그렇게 해도 될까 말까 한 것이 창업의 세계인데, 벌써부터 희박하다고 생각하는 이유가 무엇일까요? 혹시 당신 마음 안에 있는 막연한 불안감 때문은 아닌가요?

불안감은 정면으로 마주하고 치밀한 사전 준비를 해야 합니다. 예상되는 갈등과 어려움은 무엇인가요? 그것을 쭉 적어놓고 하나하나 들여다보세요. 자신의 미래 시나리오를 가지고 직면해보면, 예측 가능한 상황들이 나올 것입니다. 인간은 예측한 상황엔 얼마든지 대처할 수 있습니다. 진짜 갈등은 내가 대처하지 못하는 상황이죠. 그러니 사업을 시작하기 전에 불안감과 직면하고 예측되는 갈등 상황을 모두 적어 하나하나 '나는 어떻게 대처하면 좋을까?'를 생각해보세요. 어떤 계획보다 그게 우선되어야 할 것입니다.

김 영 휴 의 한 마 디 :

출발지에서 목적지를 정확히 하면, 가다 잠시 멈추거나 길이 달라져도 결국은 목적지에 이르게 된다.

계획과 전혀 다른 상황이 펼쳐질 때 멈춰야 할까, 계속 밀고 나가야 할까

—

창업을 하고 나면 모든 것이 계획한 대로 돌아가지 않죠. 한 번도 생각해보지 못한 상황이 수습할 여유도 없이 발생합니다. 누구나 생각하게 될 거예요. 여기서 멈추어야 하나? 아니면 계속 밀고 가야 하나?

저라면 처음 시작할 때 마음을 상기해보며 '접어야 하는 이유'를 정확히 파악해볼 것 같습니다. 이 이유를 뒤집어보면 '밀고 나가야 할 이유'가 되기 때문입니다. 계획과 다른 상황이 펼쳐졌다면, 계획과 다른 그 상황이 무엇인지 둘의 접점을 찾기 위해 리스트를 쭉 기록해보라고 권유드립니다. 그리고 그 항목들을 보면서 틀어야 할지, 접어야 할지, 나아가야 할지를 생각해보세요. 그 답은 본인에게만 있답니다.

먼저 리스트를 만든 다음, 접을 때와 나아갈 때를 각각 시뮬레이션해보세요. 그 진단을 해보면 좀 더 쉽게 답을 찾을 수 있을 거예요.

삶은 늘 이론과 실제의 영원한 딜레마다.
딜레마의 속성을 익숙함으로 맞이할 때 힘든 일과 삶은 자연스러운 호기심
의 대상이 된다.

일을 진심으로
즐기는 비결

—

'잘한다'는 것은 반복해서 노력해야 하는 것이지만, '즐기
는' 것은 자발적으로 나도 모르는 사이에 하고 있는 일입니다. 좋아
하는 것을 하니 자꾸 하게 돼서 잘하게 되고 어느덧 즐기게까지 되
는 것입니다.

그런데 중요한 것은 내가 무엇을 좋아하는지를 잘 아는 것입니
다. 역시 여기에서도 자기성찰이 선행되어야 합니다. 내가 정말 좋
아하는 것은 시도 때도 없이 하고, 남이 보든 안 보든, 돈이 되든 안
되든 하게 됩니다. 그래서 저는 항상 이야기해요. '좋아하는 게 무
엇인지를 찾는 게 최우선'이라고요. 자신이 무엇을 좋아하는지 모
르는 채로 하기 때문에 "내가 왜 이러고 있지?" 하며 잘 안 되는 상

황에 놓이거든요.

저의 경우 멋있는 것을 보고 느끼는 것을 좋아하는 사람 같습니다. 제가 행복하고 황홀함을 느끼는 순간이 '멋있다'는 느낌을 가질 때거든요. 멋있는 것이라 하면 시각적인 것 외에 멋있는 사람, 멋있는 공간, 멋있는 스토리, 멋있는 느낌을 주는 모든 것입니다. 저는 이 모든 것들을 본능적으로 자주 느끼고 싶은 사람 같아요. '멋있음'은 곧 '아름다움'과 유사한 단어 같기도 합니다.

저는 또 가치 없는 것을 가치 있게 변화시키는 것을 좋아합니다. 내 관심으로 존재가 바뀌는 걸 확인할 때 행복감을 느낍니다. 내가 가지고 있는 무언가를 타인에게 제공해주어 상대가 또는 상황이 더 가치 있어질 때, 그것을 보며 더없는 기쁨을 느낍니다. 그것은 지금 하는 이 일이 잘 맞는 이유이기도 합니다. 제가 만든 헤어웨어로 다른 사람의 삶을 가치 있게 변화시키고, 행운을 가져다주기 때문입니다.

당신은 어떤 사람인가요? 무엇을 좋아하고 즐기는 사람인가요? 그것부터 찾아보는 게 우선 아닐까요.

김 영 휴 의   한 마 디 :

자가발전 에너지원은 내가 주인이 되어 즐기는 시나리오에 있다.
그 시나리오 스토리는 모두 오만 가지 가능한 스토리이다.

아무리 바빠도
놓치지 말아야 할 것

—

멈추어서는 안 되는 노력이 있습니다. 바로 '자기경쟁력'을 갖추기 위한 끝없는 노력이죠. 자기경쟁력이란 내가 하고자 하는 업을 향한 실력입니다. 내가 하고자 하는 일에 대한 실력, 확신과 신념은 나 스스로 가지고 있어야 합니다. 이게 없으면 수많은 좌절과 주변의 부정적인 의견에 쉽게 흔들리게 됩니다. 한번 생각해보세요. 세상 그 누가 나를 위해, 내가 해야 할 사업의 아이템을 먼서 준비해주고 기다릴까요. 내가 하는 일을 위해 미리 환대해주거나, 내가 하는 일을 반겨주기 위해 준비된 사람은 없을 거예요. 바꾸어 말하면, 내가 하고자 하는 사업이 효과적으로 이루어지기 위해서는 타인과 세상이 내게 관심을 가질 수 있도록 준비시켜야 한다는 거예요.

내가 하는 일을 누군가 보고 신념을 갖고, 공감을 하고, 신뢰감을 가질 때 "아… 나 저 사람과 같이 일하고 싶구나" 하는 생각이 들지 않을까요? 인간의 마음은 억지로 바꿀 수 없습니다. 이건 아마 당신도 잘 알고 있을 거예요. 자신을 가지고 스스로를 신뢰하고, 공감할 때 타인의 마음이 이끌리게 되어 있단 걸 말예요.

그리고 다른 이들로부터 공감과 인정을 얻으려면 자타가 공인하는, 상식 안에서의 실력을 갖추어야만 합니다. 여기에서 실력은 꼭 석·박사학위를 의미하는 게 아닙니다. 물론 이것도 하나의 증표는 될 수 있지만, 그것이 자신이 하는 업의 실력을 모두 의미하는 것은 아니니까요. 중요한 것은 내가 시작한 일에 대한 전문성을 인정받을 때까지 자기경쟁력을 갖추는 것입니다.

누구나 타인의 의견을 배타적으로 보기 마련입니다. 처음부터 당신을 인정해주지 않는다고 해서 슬퍼할 것은 없습니다. 인간은 원래 그런 것이니까요. 세상이 날 알아주지 않는다며 분노하는 사람들이 있습니다. 분노는 기대감이 충족되지 않음으로 인한 것인데, 지금 막 시작한 그 사업에 대해 누가, 어떤 기대를 하겠습니까.

중요한 것은 이제부터입니다. 자신의 일과 관련된 연구를 쉬지 말고, 분야에 대한 정보와 지식을 쌓으세요. 타의 추종을 불허하는 나의 일에 대한 신념을 가지기 위해 노력해보는 것을 권유해봅니다. 이것은 하늘에서 주는 게 아니라 스스로 갖추는 것입니다. 누가 뭐라고 해도 다시 시작하고, 다시 앞으로 나아갈 수 있는 실력은 대체 불가 온리 원(only one), 나 스스로 갖추는 것이니까요!

김 영 휴 의   한 마 디 :

내 인생의 묻지 마 1순위는 바로 나 자신이다.

일과 가정생활이 부딪칠까
걱정될 때

—

주부라면 누구나 걱정할 만한 일인 것 같아요. 우리 같이 일하는 주부에겐 중요한 일이 늘 동시다발로 일어나곤 하니까요. 이때 중요도 우선순위를 정하는 건 참 중요한데, 그 중요한 일을 해야 하는 사람은 바로 자기 자신입니다.

가족 관계는 천륜이며 평생 나와 함께해야 할 공동체입니다. 그리고 일은 생사가 달려 있는 라이브 게임 현장이고요. 내 삶을 효과적으로 살기 위해서는 중요도 우선순위를 내 나름대로 정하고, 나의 시간과 노력을 어떻게 안배할 것인지도 내 삶의 가치관과 룰에 따라 정해야 할 것입니다.

그동안 제 삶을 돌아보며 '힘들다' '어렵다' '고달프다'고 했던 일들의 실체는 그 일 자체보다도 그것과 얽혀 있는 복잡한 관계를 분별하지 못하는 것에 있었다는 걸 어느 순간 깨달았어요. 즉, 어떻게 수습해야 효과적일까, 더 좋을까, 이것을 몰라서 헤맨 것이었습니다. 일과 가정의 양립을 일찍부터 다뤄보지 못했기에 착한 엄마와 프로페셔널한 엄마 사이에서 갈등하고 있었던 거죠.

당신도 혹시 자신의 삶에서 나는 누구이며 어떤 삶을 지향하는지 그 우선순위가 아직 정해지지 않았나요? 우선순위를 결정했다면 실행으로 옮기면서 일어나는 변수를 관리하는 근력을 길러보면 어떨까요. 물론 쉽지 않고 주저할 수 있습니다. 하지만 이 문제를 지금 정리 정돈하지 않으면 이런 상황은 지속적으로, 주기적으로 일어날 수 있습니다. 저의 경우는 그랬습니다. 그래서 아이들과 가족에게 협조를 구했습니다.

아이 하나 키우기도 버거운데 둘, 셋 두신 분들은 더 고민이 되시겠죠. 협조를 구할 것인지, 끝까지 스스로 키워낼 것인지 결정하세요. 혼자서 다 키워낼 수 없다면 당연히 협조를 구해야 합니다. 유치원만 다녀오면 아이도 스스로 밥을 차려 먹을 수 있습니다.

저는 공부도 어린 시절부터 엄마가 옆구리에 끼고 다니면서 예습을 시켜야 할 필요가 없다고 생각했습니다. 자발적 욕구가 없는 예습은 오히려 해가 될 뿐이니까요. 저 또한 아이가 둘이나 있어 처음엔 막막했지만, 우선순위를 정하고 나니 답은 간단해졌습니다. 그들의 협조와 동의를 구해야 한다는 것으로요. 자신의 일을 스스로 해결하는 삶의 가치에 대해 일찌감치 공유하고, 거기에 대해 칭찬해주며 꼭 껴안아 주는 걸 일상으로 삼았습니다. 다섯 살 때부터 혼자 병원에 다녀오게 할 정도였으니까요.

창업은 취미가 아니라고 생각합니다. 잘못되면 나와 내 가족의 삶을 절망으로 무너뜨릴 수도 있습니다. 물론 옳고 그름, 좋고 나쁨의 문제 또한 아닙니다. 아이를 키우고 창업을 포기한다고 해서 잘못된 것도 아닙니다. 다만 창업을 하고자 할 때 가족의 동의나 협조를 얻지 못한다면 일에는 당연히 위험이 도사릴 수밖에 없어요.

먼저, 우선순위를 정해보세요. 절대로 포기할 수 없는 대체 불가의 일과 대체 가능한 일로 구분해보면 대체 불가의 일이 우선순위가 될 것이요, 대체 가능한 일은 후순위가 되기도 합니다. 어떤 것에도 정답은 없겠지만 당신이 가장 행복하고 편안한 방향으로 규칙을 정하고 나아가보라고 응원해주고 싶어요.

김 영 휴 의   한 마 디 :

타인의 눈치를 본다는 것은,
타인이 나를 보는 게 아니라
내가 타인을 보고 있다는 것의 다른 표현이다.

의견 대립이 있을 때
바로 포기하는 성향이라면

—

자기주장을 강하게 내세우는 편이 아닌 분들, 스스로 '의견 대립에 약하다'고 평가하시는 분 중에서 창업을 앞두고 고민하시는 경우가 많죠. 리더로서 자질이 부족한 건 아닐까 하고요.

의견 대립에 약하든 강하든 틀린 것은 아닙니다. 다만 의견 대립을 효과적으로 해결하고 싶다면 이런 생각을 해보는 게 좋을 것 같습니다.

"나는 의견 대립에 약하다"는 것은 무슨 뜻일까요? 내 생각을 정확히 말하는 것에 제약이 있거나 내 의견에 대한 소신이 약하고, 소신껏 의견을 말하는 것을 힘들어한다는 뜻은 아닐까요? 또 혹은 의견 조율에 서툰 사람이라는 뜻은 아닐까요?

인간의 건강한 삶에는 백인백색을 띤 사람들 간의 의견 대립과 갈등이 있기 마련입니다. 대립과 갈등의 목표는 바로 협의안이나 합의를 이끌어내어 더 나은 방향으로 결론을 내기 위함입니다. 따라서 의견 대립에 약하다는 것은 곧 합의와 협의를 도출해내는 일을 힘들어하고 그런 능력이 미미하다는 의미로 해석할 수도 있을 것 같아요. 진짜 제대로 대립을 해결하고 싶은 사람이라면 의견 대립을 통해 소통 지수가 높아지는 게임에 적극적으로 임하게 됩니다. 의견 대립에 약해서 회피하는 것은 "저는 체력이 약해서 운동을 안 해요" 하는 것과도 같습니다.

혹시 그것 아세요? 건강한 관계일수록 대립이 많을 수 있다는 것을요. 건강하고 살아 있는 생태계일수록 거기에 속한 사람들의 자기주장이 강할 수 있습니다. 갈등에 취약한 사람들은 상대가 주장을 하면 '나를 공격한다'고 생각하기도 합니다. 물론 약한 게 잘못된 것은 아닙니다. 그러나 약하다고 생각하면 강화하면 되는데 '약한데 어떡하죠?' 하고 묻는 것은 '강해지고 싶은데 어떡하죠?'라고 묻는 모습으로 보입니다.

약한 게 문제면 강화하면 됩니다. 그리고 약한 걸 강하게 하려면 연습밖엔 무슨 비법이 더 있을까요? 즉, 의견 대립이 있는 상황에 자꾸만 스스로를 노출시키고 합의를 도출하는 근육을 기르기를 권유드립니다. 그것이 답입니다. 의견이 대립되는 건 틀린 게 아닙니다. 건강한 삶에 대립은 당연한 것임을 받아들이세요.

다만 합의, 협의를 도출하는 능력이 없으면 이러한 상황에 늘 문제가 될 수 있습니다. 혼자 살면 문제가 없겠지만, 다른 사람과 더불어 살아야 하는 세상에선 타인과의 대립에 대처할 능동적인 능력 없이는 지속적으로 문제가 일어날 수밖에 없음을 아는 계기가 되면 좋겠어요.

또한 의견 조율에 약한 사람의 경우 자신과 같은 의견을 가진 사람들하고만 일하고 싶어 하는 경향이 있습니다. 창업 초기에 주로 그렇지요. 당연히 갈등이 없어 좋기는 하나 다른 의견과 창의성을 도출하기에는 효과적이지 않습니다. 협의를 도출하고, 더 나은 방향으로 가는 과정 중 갈등이 이는 것입니다.

결국 우리네 삶에서 문제와 갈등을 어떻게 받아들이느냐의 문제라고 생각합니다. 그 부분에 약하다고 생각이 들고 개선을 하고 싶다면, 체념이나 회피보다 근력을 강화하기 위한 훈련에 들어가세요. 우문현답일지 모르겠습니다만 자꾸 그러한 상황에 노출되는 방법이 가장 좋은 답이 될 수 있을 거예요.

김 영 휴 의 한 마 디 :

의견 대립은 같은 에너지가 다른 모습으로 충돌하는 것이다.

사람을 잘 못 믿는데
함께 일할 수 있을까

—

다른 사람을 못 믿는다는 건 자신을 못 믿는 것과 같다는 생각이 듭니다. 타인을 못 믿는 이유가 내 마음의 기준 안에 있기 때문에 자신에 대한 확신이 없는 것이 아닐까 싶어요.

또 나는 옳고 상대는 틀렸다고 생각하는 데서 기인하는 게 아닐까요. 내가 옳으면 타인은 다 틀리게 됩니다. 하지만 나와 똑같은 사람은 이 세상에 없고, 사람은 모두 다릅니다. 나와 다른 생각을 가진 타인을 틀렸다고 생각하여 인정하지 않는 건 아닐까요. 믿지 못한다는 것은 상대는 틀렸고, 나의 적이며, 함께할 수 없다는 말과도 같다고 여겨집니다.

특히 조직에서 CEO가 직원을 믿지 않으면 어떻게 될까요. 모든 걸 내가 직접 해야 하니 힘들고 어려움에 빠질 수밖에 없으며, 조직도 결코 성장하지 않습니다. 한 사장님이 제게 물었습니다. "김 대표님은 직원들을 믿으세요?" 저는 당연히 "믿습니다" 하고 대답했습니다. 그러나 그분은 말했습니다. "저는 절대 직원을 믿지 않습니다. 대표님도 조심하세요"라고요. 사장이 직원을 믿지 않는다면, 믿음을 받지 못하는 직원은 어떻게 일을 할까요? 충성심 있게 할 수 있을까요? 과연 자신의 열정을 모두 쏟아가며 일할까요?

저도 그런 적이 있었습니다. 외부에서 일을 하고 있을 때 안에 중요한 일을 맡겨둔 직원에 대해 의심이 생기자 '지금 당장 회사로 달려가야 하나!' 하는 불안감이 엄습하더군요. 그리고 동시에 저는 행복하지 않다는 걸 깨달았습니다. 뒤통수를 맞을 때 맞더라도 직원을 믿어야겠다고 생각했습니다. 그리고 나중에 깨달았습니다. 제가 정말 잘했다는 것을요.

그때 자신의 직원을 믿지 않겠다고 말했던 사장님은, 결국 직원의 배신으로 인해 회사가 망하는 것을 저는 똑똑히 보았습니다. 그때 생각했습니다. '믿지 못하겠으면 뽑지를 말아야 한다, 믿지 못하는 불안은 외부의 요인도 있지만 내 안에서 오는 게 먼저다. 내가 나를 믿지 못해서 그런 것이다!'

믿음은 관계의 혈관입니다. 인간은 누군가로부터 신뢰를 받으면 뇌에서 옥시토신이라는 행복 물질이 평소보다 더 많이 분비된다고 해요. 그래서 훨씬 성취도가 높아진다고 하죠. 남을 믿지 못하고 있다면, 먼저 자기 자신부터 믿어보세요. 그리고 당신이 당신 자신을 믿는 것처럼 타인을 믿으세요. 공자님이 말씀했습니다. "타인이 나를 이렇게 해줬으면 하는 것과 똑같이 남에게도 하라"고요. 누군가 당신을 믿어주면 좋지 않을까요? 그렇게 직원들을 믿으세요. 당신을 믿지 못하는 사람과 제대로 협력할 마음이 듭니까? 그렇지 않을 것입니다. 그 사람 마음도 당신과 똑같습니다.

김 영 휴 의   한 마 디 :

내가 타인을 믿지 못하는 것은
믿지 못할 내면의 또 다른 내가 기인하는 것이다.

한 번 사업에 실패했던 사람이
다시 사업을 해도 될까

—

　　실패를 해본 당신에게 묻고 싶습니다. 그때 왜 실패했는지에 대한 원인을 모두 진단해보았나요? 만약 그러지 못했다면 우선 그것부터 하라고 권하고 싶습니다. 물론, 언제든지 사업은 다시 시작할 수 있습니다. 하지만 이런 과정 없이 다시 하는 사업은 의미가 없을 것입니다.

그리고 실패의 원인을 진단할 때 명심할 것이 있습니다. 바로 그 원인에 대한 책임을 모두 나에게로 가지고 온다는 것입니다. 진짜 내가 부족한 게 무엇이었을까. 그것을 현미경으로 낱낱이 들여다본 다음 다시 시작하세요.

많은 사람들이 내게 일어나는 사건, 사고들을 내 것이 아니라 남의 탓으로 인해서라고 생각합니다. 당신도 먼저 자신이 실패한 이유를 자신에게서 찾아 고친 다음, 다음 단계로 가보세요. 이번에는 성공할 수 있을 거예요!

김 영 휴 의   한 마 디 :

실패를 통해 학습을 했다면 다시 시작해도 된다.
그 실패를 통해 '레벨 업' 되었기 때문이다.

육아와 가사에 찌든 친구들이
창업을 응원해주지 않을 때

—

나는 용기를 내서 창업한다고 분주한데, 함께 전업주부 생활을 하던 친구들은 크게 응원해주지 않는 경우가 있죠. 오히려 언짢은 기색을 보이기도 하고요.

친구들이 당신을 인정해주지 않고, 응원해주지 않아서 속상한가요? 당신에게 그들의 인정이 꼭 필요한 이유는 무엇일까요? 사실, 제 경험으로 보았을 때도 이 상황을 지혜롭게 가져갈 수 있는 묘수는 없더라고요. 결국 다른 사람이 어떻게 생각하느냐, 나를 어떻게 바라보느냐, 하고 의식하는 것 자체를 내려놓는 것이 답인 것 같아요. 그들의 응원이나 친구들과의 관계와 상관없이 당신은 당신의 삶을 걸어가야 합니다. 사실, 30대든 40대든 자신의 삶에 찌들어 있는 사람은 남을 응원하기가 쉽지 않습니다. 결국 자신의 삶이 가장 중요할 테니까요.

우리의 삶은 늘 낯선 길의 연속입니다. 그 길을 가다 보면 돌발 상황은 늘 생기고, 돌부리도 있고, 반대자도 있고, 응원자도 있기 마련입니다. 때로는 잘못한 일이 없는데 지탄을 받을 때도 있고, 내 삶이 별로 효과적이지도 않았는데 누군가 나를 지지할 때도 있습니다.

보통 변화가 더딘 사람은 변화가 빠른 사람을 보면 두려움을 느긴다고 합니다. 그 두려움으로 인해 "야, 하지 마!" 한다고 합니다. 친구는 시속 20km를 가는데, 나는 10km밖에 못 나가니 도태될 것 같은 생각이 자꾸 듭니다. 그래서 멱살이라도 잡고 말리게 되는 게 인간의 본성입니다. 변화를 두려워하는 사람은 변화를 즐기는 사람 옆에 있을 때 무기력하고 되돌아가는 느낌이 들기 마련이랍니다.

　그러니 그럴 때는 친구들과의 관계를 억지로 개선하기보다 자신의 삶에 먼저 집중하세요. 혹 당신을 지지하고 응원하는 친구들을 보며 '내가 잘하고 있구나' 하는 걸 확인하고 싶었다면 그 마음도 내려놓으세요. 외부의 'Cheer up'이 내 근본적인 생존에 큰 요인이 되는 건 아닙니다. 좌지우지될 필요도 없고 흔들릴 필요도 없습니다. 그리고 오늘 나를 지지했던 사람이 내일은 반대자가 될 수도 있을 정도로 그들은 늘 일관되지 않습니다. 거기에 이리저리 흔들릴 이유는 없지 않을까요?

　자기 마음에 창업에 대한 확신이 들었다면, 이제 그러한 자기 자신에게 집중할 때입니다.

김 영 휴 의　한 마 디 :

응원과 지지가 없어도 유지되는 자신감은
폄하와 가십에도 아무렇지 않다.

감정 기복이 심한 편인데
사업을 하고 싶다면

—

왜 감정 기복이 심한가요? 좋은 감정과 나쁜 감정이 오락가락한다는 뜻인데, 좋은 감정을 제외한 나쁜 감정. 즉, 상대에 대한 화, 분노, 기분 나쁨, 짜증, 이런 건 대체 어디로부터 오는 걸까요?

병적인 증세가 아닌데도 자꾸 이렇게 감정이 오르락내리락한다면 자신의 내면을 한번 들여다봐야 합니다. 자꾸 화가 올라오게 만드는 것은 보통 준비되어 있지 않은 두려운 감정, 좌절된 감정, 하고 싶지 않은 감정 등입니다. 감정 기복이 심하다면 내면 성찰이 먼저 이루어져야 합니다. 객관성, 합리성은 그다음 문제입니다. 감정 기복이 심하고 온전하지 못한 사람과 누가 비즈니스를 같이 하고 싶을까요? 당신이 먼저 만나고 싶은 사람이 되세요.

그러기 위해서 내면을 들여다보아야 하는 것입니다. '왜 자꾸 이럴 때 화가 나지?' 이런 질문을 끊임없이 던져보세요. 질문을 한 당신은 알고 있습니다. 그러한 감정 기복이 타인에게 좋은 영향을 주지 못한다는 것을요. 타인에게 피해가 되는 것을 알면서도 일삼는 건 또 다른 공격이자 지배입니다. 때리지 못하니 상대를 어찌할 수 없게 만드는 것과 같습니다. 진정으로 최고 중의 최고인 여성 CEO가 되고 싶다면, 스스로 감정 관리를 할 수 있어야 합니다.

'무엇이 나를 이렇게 만드는가?' 이걸 먼저 살펴보세요. 상대가 나의 어떤 부분을 건드렸을 때 나의 방어 기제가 발동을 할까? 상대가 아무리 건드리더라도 자신의 방어 기제가 작동을 하지 않으면 화가 나지 않습니다. "아, 그렇구나. 네가 그런 말을 하는구나" 하고 넘어가게 됩니다. 상대가 나를 건드렸을 때 나의 방어 기제가 무엇인지 분별해야 할 것입니다.

김 영 휴 의 한 마 디 :

자기 경영은 타인과 세상 경영의 모든 실마리이다.

직원들에게 '인간적인 CEO'가 되고 싶다는 분들에게

—

우선, '무조건 잘 보여야겠다'는 생각부터 내려놓는 게 좋을 것 같습니다. 대신 역지사지를 해보라고 권하고 싶습니다. 내가 한 번도 해보지 않은 것을 가장 빠르게 해볼 수 있는 것은 내가 그 사람이 되어보는 역지사지밖에 없으니까요.

당신에겐 어떤 사람이 어떻게 할 때 따뜻하게 느껴졌습니까? 그 사람이 먼저 당신이 되어보는 건 어떨까요?

자기다움은 유일무이한 콘셉트이며 온리 원 캐릭터다.

Chapter 3

실패를 줄이고
성공을 앞당기기 위해
무엇을 준비할까?

———

철저한 사전 준비와
상상으로 반전 시나리오 쓰기

———

우리는 상상력을 가지고 있기 때문에
세상을 변화시킬 마법 같은 것은 필요하지 않다.

조앤 K. 롤링

창업할 때 꼭 있어야 하는 건 무엇일까?
돈? 사무실?

—

창업은 사무실이 없어도 가능하고, 돈이 없어도 가능합니다. 저는 그렇게 시작했거든요. 창업을 하는 과정에서 무엇보다 중요한 것은, 제 경험으로는 '사람'이었습니다. 그냥 '일'을 하기 위해 모인 사람이 아니라 반드시 우리가 팔고자 하는 제품에 대한 명확한 신념을 가지고 있는 사람들 말이죠.

'나는 왜 이 일을 하는가'에 대한 신념과 '이것은 왜 창업 아이템이 되어야 하는가'에 대한 신념에 가까운 확신을 갖고 있는 사람이 중요합니다. 아무리 주변의 반대가 심하다 해도 그 신념만 흔들리지 않는다면 그 어떤 장벽이나 불가능한 것들마저도 모두 가능하게 만들 수 있거든요. 신념은 모든 것을 가능케 하기도 하고 불가능하게 하기도 하는 기준이라 생각이 듭니다. 끝없이 질주할 것 같은 기업을 망가지게 하는 것도 사람이요, 곧 망할 것 같은 기업을 일으켜 세우는 것도 사람입니다.

잊지 마세요. 지금도 세상에 일어나는 중요한 일들은, 모두 자기들이 하고자 하는 일에 대한 확고한 신념을 가진 사람들이 모여 이룬 것임을, 그리고 인류 역사 또한 자신의 생각과 꿈에 대한 신념을 가진 사람들이 남긴 족적의 스토리라는 사실을요!

김 영 휴 의 한 마 디 :

'왜 이 일을 하려 하는가'에 대한 확고한 신념은
모든 불가능을 가능케 한다.
신념은 자가발전하는 배터리를 장착한 건전지로서
좌절이 좌절이 아닌, 새롭게 연습하는 계기가 되게 해준다.

창업할 때 가장 먼저,
가장 오래 준비해야 하는 것

—

창업을 준비하는 동안에도, 또 창업을 해서 사업을 하고 있는 동안에도 외부 환경은 끊임없이 좌절과 장애물이 줄을 잇게 마

런입니다. 심지어 비즈니스를 할 대상조차도 수시로 바뀝니다. 따라서 모든 상황과 모든 일에 대해 내가 주도할 수 있어야 외부 환경의 변화에 실시간 능동적으로 대처할 수 있습니다. 무엇보다 자신이 창업하고자 하는 분야에는 타인이나 외부 전문가보다 내가 전문가로서 자신감이 있어야 합니다. 그래서 저의 경우에는 이 두 가지를 꼭 준비해야겠다고 생각했어요.

1. 최상의 시나리오

최상의 시나리오라 하더라도 차선책, 차차선책을 가지고 최상의 시나리오를 진행하는 경우와 그렇지 않은 경우는 다르다고 생각합니다. 아마 최상의 시나리오로 진행하더라도 그것이 그대로 이루어지는 경우는 별로 없다는 것을 잘 알고 있습니다. 그래서 차선책과 차차선책이 필요합니다. 차선책은 최상의 시나리오가 예상대로 잘 진행되지 않을 것에 대한 시나리오이며 차차선책은 차선책마저 빗나갈 것에 대한 실행안입니다. 이것이 없으면 나와 내부, 외부 협력자들과 마찰이 일어날 때 바로 좌절하거나 갈팡질팡 우왕좌왕하게 됩니다. 준비된 시나리오가 없으면 여유가 없고 불안하며, 이것이 갈등과 마찰을 유발하는 원인이 되기 때문입니다. 그러나 이것이 있으면 갈팡질팡하는 시간이 적어지므로 대처 능력이 생깁니다. 매끄러운 일의 진행을 위해서는 최상의 시나리오와 함께 차선책, 차차선책을 준비하셔야 합니다. 다시 말해 스타트업이라 하더라도 치밀한 사전 준비로 미래 전략을 가지고 진행해야 한다는 말입니다.

2. 최악의 시나리오

혹시라도 최선책, 차선책, 차차선책이 모두 이루어지지 않을 경우에는 어떻게 될까? 여기에 대한 대안을 가지고 있으면 그렇지 않을 때보다 훨씬 든든한 마음이 듭니다. 이 시나리오야말로 진짜 최악의 상태를 피할 수 있게 해주는 대안이라 할 것입니다.

물론, 이것은 순전히 저 개인의 의견이므로 당신에게 효과적이지 않다면 받아들이지 않아도 됩니다. 다만, 제게 이 두 가지가 필요했던 이유는 자꾸 변화하는 환경 속에서도 절대 흔들리지 않고 갈 수 있는 나만의 기준과 확고한 이유가 필요했기 때문입니다. 이 두 가지를 명확하게 그리고 그 둘의 상황에 대처할 준비가 되어 있다면 주저하거나 염려할 필요가 없을 것입니다.

김 영 휴 의　한 마 디 :

경영자의 철저한 사전 준비 시나리오는
조직과 기업의 치밀한 미래 전략이다.

내 회사의 비전은
무엇일까?

—

쉽게 비유하자면 비전이란 집에서 세우는 가훈과 비슷합니다. 미래에 대한 비전이란 '가능성의 공간을 창조하는 것'과 같습니다. 비전을 세운다고 해서 그게 모두 실현되는 것은 아니지만 조직 속에서 비전은 놀라운 힘을 가집니다. 실제로 비전이 있는 기업과 없는 기업은 많은 차이를 보입니다. 제 생각은 그렇습니다.

엄밀히 기업의 CEO는 리더십이 결정하고, CEO의 리더십은 비전 플레이가 결정합니다. 즉 사업은 메시지 플레이 게임이라고 생각합니다. 어떤 조직의 장이 가진 리더십은 메시지 플레이를 얼마나 효과적으로 하느냐에 달려 있고, 그 기업이 지속 성장할 수 있는 기업인지 아닌지를 결정한다고 생각이 듭니다. 그래서 저는 기업이 추구하는 가치와 비전이 없다는 것은 그저 부업 수준의 구멍가게를 운영하는 것이나 다름없다는 생각까지 듭니다. 물론 구멍가게를 폄하하는 건 아닙니다. 언제라도 폐업이 가능한 형태가 되어버릴 수 있다는 것이지요.

저도 창업을 하고 5~7년쯤 되었을 때 여기에 대한 진지한 고민을 했습니다. 비전이 없으니 여러 문제들이 드러났습니다. 직원들을 하나로 통합하고 함께 멀리 가야 할 명분이 없는 것처럼 느껴졌습니다. '열심히는 하는데 과연 누구를 위해, 무엇을 위해 우리는 최선을 다해야 하는가' 이런 생각이 들었습니다. 그래서 저는 비전의 필요성을 느꼈고, 적극적으로 우리 기업의 비전을 찾는 데 노력을 기울였습니다. 나뿐 아니라 우리 회사의 모든 직원이 하나의 비전을 향해 나아갈 때 이곳은 훨씬 더 효과적인 공간이 됩니다.

그리고 비전을 만들 때에는 전문가의 도움을 받기를 권유합니다. 틀린 비전이라는 것은 없겠지만 분명 훨씬 효과적으로 기업에 맞는, 나의 꿈에 합당한 비전을 찾는 방법이 있을 것입니다. 저희 기업의 비전은 '인간의 새로운 의생활 헤어웨어 패션을 창조하는 기업'이고 미션은 '헤어웨어로 꿈이 커지는 꿈터'입니다.

김 영 휴 의   한 마 디 :

....

내 개인의 꿈과 내 기업을 통해 이루고 싶은 꿈이 유사할수록
더 효과적이다.

....

처음 시작할수록
매출 목표를 세워야 한다

—

하루에 몇 개의 물건을, 누구에게, 어디까지 팔 수 있을 것인지를 파악하고 여기에 한 달, 일 년을 곱해 목표를 세우는 것이 바로 매출 목표입니다. 그리고 이 적절한 목표에 정답은 없지만 달성 가능한 목표는 그 나름대로 유익하고 높은 목표는 높은 대로 가치가 있다고 생각합니다.

매출 목표는 왜 필요하며 왜 가능한 한 높게 세워야 할까요? 바로 고난도 전략은 높은 목표에서 나오기 때문입니다. 이는 곧 목표가 낮으면 전략이 없어도 달성이 가능하기 때문에 낮은 목표에 대해서는 고난도 전략이 나오지 않는다는 말과도 같습니다. 구멍가게를 해서 풀칠을 하고자 창업을 한 것이 아니라면 당연히 단계별 전략적 매출 목표를 세우고 가는 게 효과적일 수 있습니다. 그런데 매출 목표가 높으면 왜 고난도 전략이 나오는 걸까요?

이렇게 한번 생각해봅시다. 시험을 보는데 50점만 맞으면 된다는 목표와 무조건 100점을 맞아야 하는 목표가 있습니다. 이 두 목표를 가진 사람은 각각 공부의 전략을 다르게 세웁니다. 단 한 문제라도 틀리면 안 되는 사람은 30점만 받아도 되는 사람에 비해 전략수립과 정보 수집에서부터 이미 차이가 납니다. 전자의 사람이 러

프하게 대충 정보를 수집하고 공부의 전략을 짠다면, 후자의 경우는 말도 안 되는 목표를 달성하려 하다 보니 훨씬 구체적이고 세밀한 계획을 세워야 하니 그만큼 몰입도도 높아집니다. 당연히 성취도도 높아지게 되고요.

책에 관련된 예를 하나 더 들어볼까요? 출판사에서 책을 만들고 10만 부를 팔기 위한 전략을 짜는 것과 1만 부를 팔기 위한 전략을 짜는 게 같을까요? 설령 10만 부를 팔지는 못하더라도 그 속에는 7~8만 부를 팔 수 있는 전략이 담겨 있습니다. 반면 1만 부를 파는 전략 속에는 5~6만 부를 파는 전략조차 담겨 있지 않습니다. 이 얼마나 큰 차이인가요?

처음부터 매출 목표를 크게 잡으면, 그 목표를 이루기 위한 전략이 나옵니다. 더욱 디테일하고 치밀한 전략이 나오고 몰입도도 높아집니다. 당신은 어떻게 목표를 잡으시겠습니까?

김 영 휴 의 한 마 디 :

목적지가 명확하지 않기 때문에 길을 헤매는 것이다. 멀리 가고 험한 목적지일수록 사전 준비는 치밀하고 철저해야 한다. 기업의 목적은 수익과 잉여 가치 창출이다.

나의 아이템을
브랜드로 성장시키는 방법

—

아이템과 브랜드는 다릅니다. 그러나 '같다'고 해도 틀린 것은 아닙니다. 초기 스타트업일수록 '같게' 가져가는 것이 효과적일 수 있다고 생각합니다. 왜냐하면 브랜딩도 구체적인 실체를 기반으로 전개되어야 현실감이 있기 때문입니다. 그렇다면 우선 브랜딩이 무엇인지에 대해 잠깐 이야기해보려 합니다.

세상의 모든 제품에는 그 기능과 속성이 있습니다. 아이템에 가치와 의미를 부여하고 서비스를 가미함으로 효용 가치와 만족도를 높이는 것을 브랜딩이라고 합니다. 예를 들어, 머리숱을 보강하고 티가 나지 않게 하는 것은 가발의 기능과 속성입니다. 그런데 '헤어웨어를 입으면 행운이 온다'는 이야기가 결합되어 가치와 의미가 보강되는 것은, 기능과 속성 수준을 뛰어넘는 제품의 가치 혁신이며 브랜딩의 과정을 통해 맞이하는 결과물입니다. 가치와 의미를 부여하는 과정은 고도의 전략적 실천입니다. 시행착오를 겁내지 않는 스타트업 씨크릿우먼이었기에 가능한 과정이었습니다.

원래는 제품의 기능과 속성에 맞춰 사업을 영위하려고 했습니다. 사업을 진행하면서 단순히 제품의 기능과 속성으로 경쟁이 격화되는 시장에서 장기적인 성공을 거두기는 어렵다고 판단했습니다. 그래서 '행운'이라는 이야깃거리를 브랜드로 포괄하자는 전략적 결단을 내리고 브랜딩에 힘을 쏟았습니다.

헤어웨어를 입는데 왜 행운이 올까요? 예뻐지면 기분이 좋아지고 행동반경이 넓어집니다. 자신감이 생김으로 인해 삶이 전과는 다른 방향으로 펼쳐집니다. 기분이 좋으면 좋은 일이 많이 생기고, 행복해지므로 헤어웨어는 행운의 증표가 아닐 수 없습니다.

브랜딩은 인간 욕망의 바다에 그물을 던지는 행위라는 생각이 들어요. 창업가나 사업가들은 기능과 속성을 사고파는 일에 주안점을 두기 마련입니다. 사실 가르쳐주지 않아도 그렇게는 잘들 합니다. 소비자들 또한 자신들에게 그 기능이 필요하면 알아서 삽니다. 그런데 일반 소비자들이 비싼 브랜드 제품을 일부러 찾아서 사는 이유는 무엇일까요? 그만큼의 가치와 의미를 사고 누리고 싶기 때문 아닐까요? 브랜딩이란 바로 그런 것입니다. 물론, 그 가치에 대한 명분은 당연히 사람들에게서 공감을 이끌어낼 수 있어야 합니다.

처음으로 잠시 돌아가 이야기를 해보면, 자신이 팔고자 하는 아이템의 기능과 속성을 브랜딩하는 것은 정말 중요하지만 초기에는 이 모든 것을 하나로 가져가는 것이 좀 더 유리합니다. 기업명, 제품, 브랜드가 모두 따로 있으면 세 가지를 각각 알려야 합니다. 알려야 할 것이 여러 개이면 당연히 시간, 에너지, 비용이 많이 들 수밖에 없습니다. 스타트업의 지점에서 자신이 하고자 하는 아이템이 어떻게 될지 모르는 상황에서 세 가지를 모두 알리는 것은 매우 힘듭니다. 그래서 저도 씨크릿우먼, 헤어웨어, 기업을 모두 하나로 가져갔습니다.

즉, 기업명도 씨크릿우먼, 브랜드도 씨크릿우먼, 대표적인 제품도 헤어웨어 씨크릿우먼, 이렇게 말입니다. 빨리 기업과 제품을 알리고 싶을 때 가장 효율적인 방법은 셋을 하나로 통합하는 것입니다. 물론, 이것 또한 개인의 선택이며 어느 것이 옳다고 말할 수는 없습니다.

제품은 생산의 영역이요, 브랜드는 신념의 영역이다.
신념은 제품의 가치를 혁신하고 고객을 유혹하는 DNA이다.

경영학을 몰라도
창업을 할 수 있을까?

—

창업은 '경영학 박사'를 받은 사람들이 하는 것이 아닙니다. 경영에 대해 몰라야 할 이유도 없지만 다 알아야 할 이유도 결코 없습니다. 내가 사업가의 생태계에서 살아남고 경쟁하는 데 유용한 것을 알아야 할 필요가 있을 뿐입니다. 사실, 공부를 하는 게 틀렸다는 것은 아니지만 저는 그것은 어쨌든 이론에 불과하다고 생각해요. 조직생태계에 직접 들어가 보지 않고 이론으로만 경영을 할 수는 없잖아요. 이론을 잘 아는 사람이 경영에 성공한다면 세상 모든 경영학 박사들은 모두 성공한 기업인이 되어야 하지 않을까요? 그러니 거기에 대해 전혀 조급해하지 마세요.

우리의 두뇌 구조는 생각하고 분석하는 뇌 영역과 실행하고 도전하는 뇌 영역이 다르다고 해요. 많이 아는 건 이정표와 목적지를 정하는 데는 유익하지만 실행력은 실행하는 가운데 길러지는 근육이기 때문에 큰 문제가 아닐 것입니다. 내가 잘 알지 못한다는 사실만 염두에 두고 실행하면 되는 일이죠.

저의 경우에는 조직을 운영하는 데 있어 CEO의 책임과 생존에 대한 근본적인 것부터 하나씩 챙겨가는 것이 경영의 최우선순위라고 생각했습니다. 그래서 아래 세 가지에 집중하고 잘 관리하기 위해 공부하고 실행했습니다.

첫째, 자금, 매출.

이윤을 남기지 못하는 사장은 부도덕한 사장입니다. 기업은 이윤 추구를 효과적으로 할 수 있어야 합니다. 직원에게 일을 시켰으면 돈을 주어야 하고, 협력사에도 돈을 주어야 합니다. 따라서 자금을 잘 관리할 수 있는 효율적인 방법을 배워나갔습니다. 그 해결을 위해 차입이나 대출을 불허하였으며 철저하게 매출에 의존한 자금의 수지를 책임진다는 기준을 세웠습니다. 매출이 일어난 범위 안에서만 지출한다는 원칙을 고수하였습니다. 이런 규칙을 준수하다 보니 타기업보다 성장 속도는 낮지만 안정적인 성장을 만들고 지구력을 기르는 일이 저절로 되었습니다.

둘째, 인적자원관리.

저는 인적자원관리를 제가 전폭적으로 다 하기 위해 노력했습니다. 인적자원관리를 잘 못하는 이유를 찾아보니 사람에 대해서 잘 알지 못한다는 사실을 발견하게 되었습니다. 사람에 대하여 잘 알려면 조직의 교육 및 관리를 몸소 하며 시행착오를 통해 깨달음을 얻어야 했습니다. 따라서 그렇게 하는 가운데 저절로 자기 학습이 이루어졌습니다.

시간이 없을 때에는 이동하는 차 안에서 오디오북으로 쉴 새 없이 듣고 배우고 읽기를 거듭하며 리더십에 관련된 책을 모조리 사서 보기도 했습니다. 저라고 초기에 완벽할 수 없었고, 지금 또한 미흡하고 여전히 부족합니다.

처음에는 주부의 관점에서 저를 보니 친구를 데려다 이용해먹는 부도덕한 사람으로 제가 서 있었습니다. 그래서 CEO라는 직업을 부도덕한 직군으로 생각하던 일시적 시간이 있었고, '괜히 창업했구나' 하고 후회하는 시간도 잠시 있었습니다. 하지만 나중에 바로 깨달았습니다. 경영자의 관점에서 보면 인재를 채용하고, 일자리를 주고, 월급을 주는 애국자 중의 애국자가 기업 경영자라는 사실을 요. 직원들과의 관계에서도 경영자의 입장이 아닌 주부의 입장에서 하고 있다는 걸 알았습니다. 그래서 엄청난 문제가 발생하기도 했습니다. 지금도 경영자로 진화를 거듭하기에 여념이 없습니다.

셋째, 경영 전반에 관한 것.

현장에서 실무를 하는 와중에도 성공한 사람들의 이야기를 끊임없이 들으며 공부했습니다. 미국 백만장자들의 성공학을 들었고, 그들의 이야기를 통해 영감을 얻었습니다. 성공하고 싶다면 나보다 성공한 사람의 조언에 귀를 기울이라고 말하고 싶습니다. 이미 도전한 사람의 최고의 적은 도전해보지 않은 사람의 해박하고 다양한 조언이랍니다. 많이 아는 걸로만 일관한 사람은 실행하는 일에는 나병이 걸려 있을 수도 있다는 걸 잘 기억해두길.

자기 경영의 고수가 천하 경영의 고수이다. 조직 경영은 자기 경영의 확장
이다. 천하를 아는 방법은 자신을 아는 것부터 시작된다.

창업 이후에도 리더십과 경영 이론을 공부해야 하는 이유

—

　　이론에 대한 공부는 앞으로 생길 일을 예측하고 돌발 상황
에 미리 대처해보는 데 아주 유용합니다. 그리고 타인의 다채로운
삶을 간접 체험해보는 데에도 매우 유용합니다. 하지만 그것은 어
디까지나 정보일 뿐, 모든 상황에 해답이 될 수는 없어요. 제 경험
으로 비추어볼 때 이론과 실제는 매순간 달랐으며, 이론은 맨 처음
방향과 목표를 설정하는 데는 매우 유용하더라고요.

　다시 말해, 왜 스타트를 하며 어디서 해야 하는지 목적지를 어디
로 해야 하는지를 정하는 데에는 이 지식이 매우 중요합니다. 내비
게이션을 작동하려면 사전 정보에 의해 스타트와 목적지를 세팅
하고 출발을 하듯 실행을 하기 위해서는 사전 정보를 바탕으로 인
생의 출발점과 목적지를 확실히 정하는 게 훨씬 효과적입니다. '내

가 왜 이 일을 하는가' '출발점은 어디인가' '목표는 무엇인가' 이것은 내 삶을 효과적으로 사는 데 꼭 필요한, 절대 빠져선 안 될 필수 불가결한 세팅입니다. 물론 되는 대로 걷는 삶도 틀린 건 아닙니다. 다만 좀 더 효과적이기 위해선 그래야 한다는 뜻입니다.

이론도 알아야 하는 건 이론의 기반이 없으면 실행도 없기 때문입니다. 우선, 이론을 조금씩 쌓아나가면서 그것을 기반으로 돌발 상황에 대한 체험을 계속해보세요. 그리고 점점 거기에 대한 달인이 되세요! 이론이 실제보다 중요한 것은 아니지만, 어떤 면에서는 매우 필요하답니다. 이론을 기반으로 앞으로 상황이 어떻게 전개될지 시뮬레이션해볼 수도 있을 테고요. 그러나 '나'에게 딱 맞는 해답이 되어줄 수 없다는 것, 결국 내가 체득하고 경험한 내에서 스스로 헤쳐 나가고 답을 쌓아나가야 한다는 것을 명심하세요.

김 영 휴 의   한 마 디 :

삶에 있어 경험이 곧 과학이다.

소통과 교육의 기회를
끊임없이 만들 것

—

저는 조직원의 성장을 위해 항상 소통의 장을 마련해왔습니다. 이것을 정례화하여 지난 17년 동안 한 달에 한 번씩 소통의 장을 마련했고, 1~2주에 한 번씩 업무 시간 외에 비타민 교육을 만들어 한 번도 빠짐없이 실천해왔습니다. 물론 지금도 하고 있고요.

처음에는 얼마나 스트레스인지. 한 번도 해보지 않은 직무 교육을 해야 하니, 처음엔 멋있어 보이는 걸 찾으려고 노력했고, 사장이 그럴싸해 보이는 걸 하려고 했거든요. 그러나 그게 의미가 없다는 것을 깨닫고 저와 조직원들에게 진정으로 피와 살이 되는 내용을 공유하고자 노력했습니다. 그리고 이것을 해나가는 과정이 CEO인 제게 먼저 자기학습이 된다는 놀라운 깨달음을 얻기도 했습니다. '사장에게 가르침을 주는 직원들과 함께하고 있구나'를 깨달으니 마음이 벅차더라고요.

창의적이고 새로운 일일수록 리더의 솔선수범이 없으면 그 어떤 것도 효과적으로 나타나지 않는 것 같아요. 물론, 리더가 솔선수범하지 않아도 가능할 수 있지만 그 과정에서 비용과 에너지가 훨씬 더 소요된다는 사실을 깨달았습니다. 리더는 저 뒤에 서 있으면서 조직원들에게 "앞서가라!"고만 한다면 어떤 일이 벌어질까요? 누구든 그런 사람을 좋아할 리는 없잖아요.

조직원들에게 가장 좋은 교육은 바로 리더의 솔선수범과 성장을 직접 어깨너머로 지켜보는 일입니다. 리더가 솔선수범하면 거기에 이의를 제기할 사람은 줄어들거나 아예 없을 수도 있습니다. 다시 말해 각도를 조준하거나 속도를 내기 위해 시간과 에너지를 소비하지 않아도 되기 때문에 훨씬 효과적이라는 것입니다. 리더의 성장을 가까이 지켜보고 훔쳐보는 것 자체가 산 교육이요, 수업이 될 테니까요.

육아를 할 때 누구나 처음 해보는 엄마 노릇을 척척 잘해낼 수는 없습니다. 잘 모르고 서툴지만, 책을 사서 보고 시도해가며 부딪혀봅니다. 직원 교육도 제겐 마찬가지였습니다. 교육에 필요한 책을 사서 보고 공부하고 시도해보았습니다. 그 과정은 누구보다 제게 먼저 도움이 되었고, 지금도 우리 조직원과 저의 수준을 한층 끌어올리는 중요한 역할을 하고 있습니다. 역설적이게도 사장의 자기학습을 직원이 가르쳐준 셈입니다. 그들을 교육하겠다는 목표로 보게 된 교육 자료를 통해 CEO인 나의 취약점을 발견하게 되고, 조직의 허점은 곧 내 허점으로부터 나타난다는 자기학습을 하기에 이른 것입니다. 스타트업 CEO의 솔선수범 덕목은 참 마법 같지 않나요? 기업이 끊임없이 진화한다는 건 CEO의 끝없는 진화가 선행되어야 한다는 걸 깨달았답니다.

자녀를 잘 양육하는 비법과 직원을 코칭하는 기술은 같다.
그 비법과 노하우는 바로 각별한 사랑이다.

직원들과 함께
비전을 만들 것

—

앞에서 이야기했듯 비전을 세우는 이론적인 방법을 모르면 전문가 또는 선 경험자를 통해 배우되, 조직의 비전을 세울 때에는 직원들과 함께 워크숍을 통해 만들어야 한답니다. 처음 세운 것이 시간이 흐르면 별로 효과적이지 않다고 느낄 수도 있고 '도대체 우리의 비전이 내 삶과 무슨 상관이 있지?' 하는 의문이 들기도 할 거예요. 그때는 "다시 해보자!" 하고 조직원들과 함께 비전을 다시 수정할 수도 있습니다.

기업의 비전은 혼자가 아니라 함께 만들 때 가치 있을 뿐 아니라 비전이 주는 가치와 마력 또한 경험할 수 있다고 생각합니다. 모두가 함께 가야 할 공통의 목표가 될 수 있기 때문입니다. 그리고 좀 서툴지라도 처음에는 비전을 전문가에게 진단을 받고 완성시켜보기를 권합니다. 같은 시공간에서 같이 하나의 룰을 정하는 것은 줄다리기를 하며 '영차영차' 외치는 구호와 같은 역할을 함으로써 조직의 힘을 괴력 수준으로 끌어올리기도 합니다.

김 영 휴 의 한 마 디 :

개인의 꿈과 조직의 꿈을 서로 견주는 시간은 함께 같은 시공간에 입지하기 위함이다. 같은 곳에서 바라볼 때 목적지도 동일한 곳에 도달할 수 있게 된다.

직원들의 주체의식을 높여주는 방법

—

인간은 옳은 말이라고 해서 모두 공감하고 따르지 않습니다. 자발적으로 공감하고, 영감을 받고, 깨달음을 얻을 때 스스로 실행하고 변화 모드를 취하는 영적인 동물입니다. 사람들이 옳고 그름, 좋고 나쁨에 영향을 많이 받을 것 같았는데 제가 경험해보니 생각보다 그렇지 않더라고요. 오히려 조직생태계에서 인간은 자신이 주도적인 상황에 있을 때, 스스로 영적인 깨달음을 얻을 때 많이 변화하게 된다는 걸 알게 됐어요. 그 깨달음과 함께 제 삶에서도 지각 변동이 일어나고 있었습니다. 옳음, 더 나음을 찾아 헤매며 더 좋은 것을 공유하고 나누고자 애쓰던 마음을 내려놓기 시작한 거죠. 참 기쁜 시간이었습니다.

조직원들은 옳은 말보다 스스로 기분 좋게 할 수 있도록 상황을 만들어주는 것에 더 쉽게 참여하고 협력한다는 사실을 깨닫는 데만 10년이 훌쩍 넘었습니다. 도대체 내가 어떻게 얼마나 더 학습을 해야 하나, 망연자실해서 앉아 있는데 문득 알게 된 것입니다. 인간은 옳음보다 기분 좋음에 더 쉽고 빠르게 조건 없이 소통한다는 사실을 말예요.

우리는 태어날 때부터 이미 '나'라는 주식회사의 대표이사였습니다. 또한 인생이라는 긴 여정에서 우리는 모두 '나' 주식회사의 대표로 살고 있습니다. 거듭되는 좌절로 회피하고 체념하다 보니 불안해서 외면하고 지나치는 영역이 생기게 된 것입니다.

회사에서 일하고 있는 자신이 보이시나요? 이것이 바로 당신입니다. 오늘, 지금 이 순간 이 자리에서 일하고 있는 자신이 보이시나요? 이것이 바로 당신의 삶입니다. 그렇다면 어떻게 당신의 삶을 대하시겠습니까? 일하며 의식하고 인식하며 정면으로 마주하는 삶도, 하기 싫어서 외면하고 싶은 영역도 사실은 내 삶의 영역입니다. 우리는 그 모든 영역의 대표로 살고 있습니다.

그런데 종종 사람들은 이 사실을 망각합니다. 자신이 잘하고 즐기는 영역만 내 삶의 영역이고 그것을 책임지는 일은 즐거우나, 체념하고 회피하고 '척'하는 영역은 외면하며 내 책임이 아니라고 착각하는 것입니다. "굳이 잘못하고 회피하고 싶은 영역까지 책임질 일은 없지 않나요?"라고 질문할 수 있습니다.

맞습니다. 그렇습니다. 다만 내 삶을 좀 더 확장하고 파워풀한 도전을 해보고 싶다면 체념하고 있거나 체념을 하고 있는지조차도 모르는 그 영역에 대하여 생각해보자는 것입니다.

김 영 휴 의 한 마 디 :

운전석에 앉은 사람과 조수석에 앉은 사람의 깨달음의 가치는 격이 다르다. 운전석에서는 목적지에 이르기 위해 목표물을 보지만 조수석에서는 목적지에 이르기 위해 운전수를 살핀다.

초기에 사람을 뽑을 때
가장 중요한 기준

—

'이런 사람을 뽑아야 한다'에 정해진 답이 어디 있겠어요.

이 또한 다른 견해가 충분히 있을 수 있겠죠. 그러나 제 얘기를 좀 하자면, 사업 초기에는 적어도 CEO와 제품에 대한 신념이 없는 사람이 곁에 있어서는 안 된다 싶어요. CEO에 대한 애정, 제품에 대한 애정이 있는 사람이 곁에 있어야 같은 입지에서 에너지를 모으고 힘이 빠지지 않습니다. 물론, 다른 생각을 가진 사람들도 필요하지만 이건 어디까지나 건강한 자기경쟁력을 갖춘 후의 이야기죠. 아직 태어나지도 않은 회사에 CEO와 제품을 비판하고 비난하는 사람이 곁에 있으면 앞으로 나아가는 일에 머뭇거리기 일쑤이고 자꾸만 힘이 빠지기 마련이거든요. 이는 곧 자신감을 상실하게 하고 사업 초기를 힘들게 하는 요인이 되기도 합니다. 그래서 초기에 함께 해야 할 사람은, 저의 경우엔 다음 세 가지를 갖추어야 한다고 생각합니다.

첫째, CEO와 제품에 대해 애정이 있고 반감이 없으며, 같은 입장에서 함께 고민할 수 있는 사람. 더불어 긍정적이며 자기 경영에 능하고 합리적인 비판이 가능한 사람.
둘째, CEO에게 충성도가 높은 사람.
셋째, 함께 이 일을 '되게 만들고야 말겠다'는 신념을 가진 사람.

이 조건을 갖춘 사람과 셋만 있으면 쉽고 빠르게 일을 효과적으로 매니징할 수 있습니다. 아니, 기적을 만들 수도 있습니다. 초기에는 충성도가 높은 사람들이 모였다 하더라도 될까 안 될까 싶을 정도로 많은 망설임들이 있기 때문입니다. 나를 중심으로 나의 가능성과 협업하고, 함께 호흡할 수 있는 사람과 함께하세요. 어느 정도 자생력을 갖추고 확장한 후에는 좀 더 다양한 의견을 가진 사람들이 필요합니다. 그러나 초기에는 이 일을 되게 만들려고 하는 사람과 함께 전략을 모색해야 합니다. 전문성을 갖춘 사람, 인성이 좋은 다양한 사람들이 함께하면 물론 좋을 것입니다. 종종 "똑똑한 사람이 나을까요, 인성이 좋은 사람이 나을까요?" 하고 묻는데, 둘 다 갖춘 사람이면 금상첨화겠지요. 그런데 전문가 중에는 인성이 갖추어지지 않은 사람도 있을 수 있어요.

그런데 전문가로부터 도움을 받기 이전에 여성들의 경우 기분이 상하는 상황에서 옳고 좋은 정보를 수렴하는 것 자체를 힘들어하는 경우도 많더라고요. 극단적으로 '인성'을 위주로 채용하라고 말할 수는 없지만 바꾸어 이렇게 생각해볼 수는 있을 것입니다. 제아무리 전문성을 갖추고 있다고 해도 인성이 되어 있지 않다면, 조직원들이 그의 에너지를 제대로 수용해낼 수 있을까요? 상대를 귀하게 여기지 않는 사람, 상대를 예우하지 않는 실력인은 오히려 사장을 작은 존재로 느끼게 함으로써 자신의 존재를 과시하려 하기도 합니다. 따라서 적절한 실력을 겸비하되 사람들과 화합하며 CEO와 협력해서 조직을 이끌어갈 수 있는 사람들과 함께하라고 이야기해주고 싶군요.

신뢰하는 사이는 좋아하는 사이로, 좋아하는 사이는 사랑하는 사이로 진화
한다. 서로 좋아하고 사랑하는 사이가 되면 평가, 판단, 비교가 줄어든다.
그래서 갈등이 적다. 갈등이 적은 시간과 공간에서는 거래가 활발하다.

사람 보는 눈이 없는 사람은
어떻게 상대를 읽어야 할까?

—

　　반복하는 얘기인데, 초보가 선수가 되고, 선수가 고수 되는
방법은 연습밖에 없는 것 같아요. 믿음으로 인해 속고, 배신당하는
것이 두려워 회피만 하지 말고 사람들과 맞닥뜨리는 상황 속에 노
출되는 걸 즐겨보라고 권해주고 싶어요. 내가 잘 모른다는 사실을
알고 직면하면 조심스러울 수밖에 없고 사전 준비도는 점점 높아지
는 게 상식입니다. 그러니 그 속에서 사람들을 마주하고, 그들과 부
딪히며, 수많은 돌파구를 찾는 경험을 실행하는 방법 외엔 없습니
다. 이러한 연습 없이 선수가 된 사람이 누가 있겠어요. 그리고 연
습만 하면 삶의 고수가 될 수 있는데 이 얼마나 간단한가요?
　다만 연습을 하되 내가 누구인지를 알고 연습을 하는 것과 막무

가내로 연습을 하는 것은 다를 거예요. 초보에서 쉽고 빠르게 고수의 반열에 오르는 사람과 좌충우돌을 겪으며 고수의 반열에 오르는 사람에는 반드시 차이가 존재하며, 그 차이 사이에 어떤 룰이 있을지 사색해보면 좋겠습니다. 혹시 하우스에서 속성 재배한 과일이나 채소와 노지에서 야생한 과일이나 채소를 비교해본 적 있으세요? 우리네 삶도 자연의 일부분이기에 자연의 섭리 안에 우리 삶과 기업의 섭리도 있을 거예요. 또 타인의 삶을 보며 내 모습을 학습해보는 것도 때로는 도움이 됩니다. '모든 타인에게서 배우는 사람이 천재이다'라고 누가 말하기도 했죠.

김 영 휴 의   한 마 디 :

자신의 뒤통수를 볼 수 있는 눈을 가진 사람은 없다.
그래서 몇 개의 거울을 통해 내 모습을 반추한다.
여기서 거울이란 바로 타인이다.
타인을 통해 선호하는 모습과 반응하는 모습,
체념하고 회피하는 모습을 통해 나를 직면할 수 있다.

사업이 안정되면
사회에 기여하겠다는 생각에 대하여

—

몇 가지 문장으로 먼저 이야기를 시작하고 싶습니다.

지금 행하지 않은 일은 영원히 일어나지 않는다.

내가 원인으로 행하지 않은 일은 영원히 내게 결과로 다가오지 않는다.

세상은 나를 위해 준비되어 있지 않다. 내가 세상으로 다가가는 것이다.

처음부터 호랑이를 그리는 사람은 고양이라도 나오지만, 되는 대로 그리기를 시작하면 아무기밖에 나오지 않습니다. 큰 그림을 그 릴수록 좋다는 뜻이에요. 나에게도 이롭지만 타인까지 이롭게 하는 큰 그림을 그리고 가세요. 내가 하는 일이 타인을 이롭게 하면 어떻게든 그 이로움을 입은 타인이 반드시 나를 이롭게 하지 않을까요?

저의 경우 다 밝히기는 어렵지만 지역사회나 국가에 세금을 내는 마음으로, 기업의 이익과 상관없이 일정 비용을 기여하고 헌신하는 일에 사용해왔습니다. 성숙한 생태계가 되기까지 손이 아직 미치지 않은 곳에는 자리가 잡혀 있지 않아서 미흡한 조직이나 공유지가 있습니다. 그러나 이런 곳에는 국가의 제도나 유관기관 비용을 지불하는 제도가 없다는 사실을 아시나요.

창업 또한 CEO의 자질이나 전문성 또는 아이템 기술을 평가하여 비용을 지원한다고 되어 있지만, 그 누구도 리스크가 있는 비용 지불의 책임자가 되고 싶어 하지 않는 게 바로 기관입니다. 그러나 외부의 도움이나 의존을 의식하고 시작한 일은 이미 한계가 있으며 이는 쉽게 좌절로 이어질 수밖에 없습니다. 그래서 생활밀착형 여성 아이템이나 가치 측정이 모호한 감성 기술들, 지식 서비스, 콘텐츠 산업 등은 그 기술 평가나 기술력을 담보로 창업자금 집행이 쉽지 않습니다. 물론 지금은 점점 좋아지고 있기는 하나 여전히 객관적 평가보다 당사자의 적극성이 모든 걸 결정하게 되더라고요.

원래 존재하는 걸 고치는 건 쉬워요. 그러나 한 번도 일어나지 않은 일, 전에는 없던 것을 새로 만들어내는 것은 힘이 들죠. 특히 그것을 사람들이 인정할 때까지는 누군가의 희생과 헌신이 반드시 필요하니까요. 그 희생과 헌신이 그것을 유지시켜주고, 그렇게 시간이 어느 정도 흘러 그것으로 인해 유용한 혜택을 보는 사람의 수가 늘어날 때에야 비로소 우리의 제도권은 그 존재를 거들떠봅니다. 하지만 생각해보게 됩니다. 관심을 가져주는 것이 먼저일까, 희생과 헌신이 따르고 존재가 증명된 후에 관심을 갖게 되는 게 먼저일까요.

따라서 당신의 생각이 그러하다면, 어떤 시기를 정하지 말고 지금 부딪혀 노력을 시작하세요. 시간은 따로 정해지지 않았습니다.

김 영 휴 의   한 마 디 :

기여하고 헌신하는 데 따로 시기는 정해져 있지 않다.
지금 가능하지 않은 일은 죽을 때까지 가능하지 않다.
'언젠가' 라는 시간은 스케줄에 없는 시간이다.

기업을 운영하며
절대 하지 말아야 할 일

—

　　내가 책임의 원인으로 존재할 수 없는 일은 시작하지도 말고 거들지도 마세요.
　CEO는 기업을 존재하게 하는 사람이기에 그 기업에서 일어나는 모든 일의 책임자로서 대처가 가능해야 합니다. 잘 모르고 자신 없는 일을 하는 것이야말로 시간과 에너지를 소모하며 사는 삶일 거예요. 돈이 되니까요? 남들이 좋다고 하니까요? 나의 의지와 책임이 빠진 일들에 무작정 뛰어들거나 시작을 하는 것, 잘 모르면서 주변에서 등 떠밀거나 돈이 된다니까 시작하는 건 정말 무모한 일이잖아요. 어떤 일을 할 때 "이건 아니야"라고 한다면 그 이유가 분명히 있지 않나요? 그걸 내려놓으면서까지 왜 자신의 생각과 의견이 다른 실행을 하는 걸까요? 그리고 그렇게 이룬 실적이나 결과가 무슨 의미가 있을까요?

내가 하고자 하는 마음이 있는 일을 할 경우 틀린 것은 고쳐가면서 하는 것이 일하는 재미가 아닐까 생각해봅니다. 내게 확신이 없는 일은 틀려도 고치지 않고 갑니다. 자기성찰을 통해 자신이 잘 아는 것과 모르는 것, 확신이 있는 것과 없는 것을 가려내야 합니다. 잘 모르고 확신이 없는 것을 대하는 것이야말로 주마간산으로 사는 여정인 깃 같아요.

내가 어떤 일을 한다는 것은 나의 의지를 일로 만들고 그것을 개선해 나가는 과정일 것입니다. 그리고 그것을 지속해가는 데에 비용과 에너지를 지불하며 보람을 얻어갑니다. 그 과정에서 실패한다 해도 그건 결코 실패가 아닐 거예요. 오히려 그 실패를 통해 우리의 삶은 점점 성장해갈 겁니다.

김 영 휴 의   한 마 디 :

기업이 망하는 것은 사람으로 인한 사건이며, 그 기업에서 일어날 일에 즉시 또는 미리 대처하지 못해서 일어나는 사건이다.

PART 3

이미 성공을 향해 달려가고 있는 여성 CEO를 위해

여 성 C E O 라 면

반드시 던지게 될 질문들

여성 CEO들에게는 멘토가 필요합니다.

술자리가 아닌, 골프 필드가 아닌,
솔직한 이야기를 터놓고 소통할 수 있는 자리에서
선배이자 멘토를 만나고 싶습니다.

'이제 좀 많이 좋아졌다'고 하지만 현실은 그렇지 못합니다.
우리는 당당하게 경쟁하고 싶고 함께 협력하며 나아가고 싶고,
함께 성장하고 싶습니다.

Chapter 1

지 금 　 내 가 　 잘 하 고 　 있 는 　 걸 까 ?

—

앞으로 우리는
무엇에 투자해야 하는가

—

다른 사람들이 할 수 있거나
할 일을 하지 말고,
다른 이들이 할 수 없고
하지 않을 일들을 하라.

아멜리아 에어하트

홍일점이 될 놀라운 기회를
놓치지 말자

—

한 여성 CEO분이 고민을 전해주셨어요. 유능한 남성분을 회사의 임원으로 모셔오려고 하셨대요. 그러자 주변 사람들이 그 분야에서는 대부분 남성들이 비즈니스를 하니 그 남성분을 대표로 세우라고 권했다는 겁니다. 하지만 그분은 그러고 싶지 않으셨대요.

저는 그 여성 CEO분의 생각이 답이라고 생각합니다. 결코 그게 욕심이 아니라고 생각해요. 동일한 사실도 서로의 입장에 따라 다르게 해석될 수 있잖아요.

이렇게도 뒤집어 생각해보세요. 그쪽 분야에 모두 남성이 활동하고 있다면 홍일점이 되는 기회가 될 수도 있지 않을까요? 그래서 더욱 비범해지는 계기가 될지도 모르잖아요? 홍일점이 됨으로써 커뮤니케이션에서 더욱 자유롭고 우월해질 수 있는 기회 말예요.

바라보는 곳이 다르면 도달하는 방법도 다르다.

여자 사장이라는 이유로
반감을 보이는 상대를 만났을 때

–

결론적으로, 먼저 그런 그들의 시선을 의식하고 본인의 고정관념에 사로잡히지 않도록 유의하면 될 것 같아요. 더불어 당신이 가진 장점에 대해 생각해보면 어떨까요? 여성이라서 문제가 되기는커녕 오히려 여성이기 때문에 더 탁월한 기회를 가질 수 있다는 걸 증명하는 샘플이 될 수도 있잖아요. 당신이 얼마나 신중하고 전문가처럼 일을 잘 해내는지, 그걸 보여주세요. 그러면 아마 생각이 달라질 거예요.

그리고 그 사람들이 당신을 그렇게 보는 데 대한 대처 방법을 찾기 이전에 한 가지 점검해볼 것이 있습니다. 바로 혹시 내 안에 선입견이 작용하는 것은 아닌지 자기점검을 해보는 것입니다. 누군가가 나를 이렇게 본다는 것을 혹시 당신의 안경으로 파악하고 있는 건 아닐까요? 타인이 당신에게 반응하는 것보다 당신의 생각 속에 있는 선입견이 상대에게 반응하는 것은 아닐까요? 만약 아니라면 전혀 신경 쓸 필요 없어요. 그저 일을 해나가는 과정 중의 한 모습일 뿐이니 묵묵히 일하고 결과로 실력을 검증하면 될 테니까요.

보통 어떤 말에 신경이 쓰인다는 것은 그런 생각을 가지고 있기 때문에 내 오감이 작동하는 경우가 많답니다. 자신에게 문제가 되지 않는다면 보통 의식조차도 하지 않거든요. 젊은 여자가 사업하는 게 뭐 어떤가요. 아가씨든 아줌마든 그 누구든 자신이 잘하는 걸로 사업을 시작할 수 있죠. 때론 남자보다 여자가 더 꿋꿋하게 자신이 잘하는 것을 시도하고 앞길을 헤쳐 나가기도 하잖아요? 나랑 맞지 않은 기준과 사고의 프레임에 맞추느라 필요 이상의 에너지를 소진할 필요는 없습니다. 당신이 생각한 그대로, 당당하게 상황을 주도하세요!

김 영 휴 의 한 마 디 :

내가 의식하지 않으면 상대가 어떻게 대해도 난 무감하다.

실수 앞에서
'여자 사장이라 그렇다'는 말이 듣기 싫다면

—

여성은 나약하고, 취약하고, 부족하다는 편견. 혹시 당신 마음속에 이런 게 있는 건 아닌가요? 앞에서도 이야기했지만 내가 인정하고 공감하지 않는다면 그 어떤 말도 심각하게 받아들여지지 않습니다. 어떤 일을 성취해나가는 데 성별이 문제가 되는 것은 당사자의 문제라기보다 산업 생태계가 급변하는 과정 중 성 역할과 정체성에 관한 규칙들이 합의되지 않은 데서 오는 혼돈의 상황이라고 여겨집니다. 남성이 여성보다는 먼저 산업의 생태계에 뛰어들었기 때문에 여성과 남성의 변화 속도에는 당연히 차이가 있어요. 그 차이가 일시적인 혼란 상황을 가져다준 게 아닐까 생각해봅니다.

제가 만약 그런 상황에 처한다면 저는 이렇게 담담하게 말할 것 같습니다. "아… 당신은 편견을 가지고 있는 분이군요. 그런 편견을 가지고 있으면 사회생활하는 데 불편한 게 많을 텐데요?" 혹은 "혹시 여성 때문에 피해 본 적이 있나요?" 하고 상대방이 움찔할 말을 한마디 던질 것 같습니다.

무엇보다 여성으로서 당당하게, 결코 타인에게 피해 주지 않으며 자기경쟁력을 확보하고 있다면 그 모든 것들에 영향을 받지 않을 수 있어요. 공감할 만한 말을 하면 "아, 그렇군요" 하고 인정하고 받아들이지만, 그렇지 않은 말을 한다면 "그게 무슨 뚱딴지같은 소리예요?" 하게 되잖아요? 당신이 그들의 생각에 반응하고 있다는 건 무의식중에 공감하고 인정하고 있다는 뜻일 수도 있습니다. 다시 한번 잘 진단해보고, 자기경쟁력으로 당당해지기 위해 노력해보세요.

김 영 휴 의   한 마 디 :

나의 선입견은 의식을 만들고,
그 의식은 같은 의식을 감지하는 센서가 된다.

사업이 한창 잘 되는데
남편과 시댁에서 아이를 원한다면

—

다시 한번 우리 스스로에게 물어봅시다. 결혼을 왜 했나요? 더 나은 삶을 위해서 했나요, 아니면 아이를 낳기 위해서 했나요? 아이를 낳는 것이 결혼의 목표였나요?

물론 아이를 낳는 것은 선택입니다. 그러나 그 선택이 누군가에 의해 강요를 받는다면 온전하지 않을 수 있습니다. 스트레스 상태에서 한 선택은 당신의 삶을 효율적이지 못하게 만들고 생각을 효율적이지 못하게 할 수도 있습니다. 엄밀히 아이를 낳는 것은 종족 보존에 대한 인간의 본능이고, 그것을 선택하는 것은 본인과 남편의 합의에 의한 의지의 선택입니다. 결코 시부모님이 간섭할 수 있는 영역이 아닙니다. 그들이 권유하고 조언해주실 수 있지만 이래라 저래라 결정하고 재촉할 수 있는 문제는 아니라는 뜻이에요. 도의적으로 시집을 가서 자손을 낳는 것에 대한 책임이나 배려가 있을지 모르지만, 그럴 상황이 되지 않을 때 시댁의 바람에 자신의 삶을 맞출 것인지는 충분히 우리가 선택할 수 있는 문제인 것 같아요.

물론, 제 생각이 정답이라고 할 수는 없습니다. 저만의 생각이니까요. 하지만 건강하고 바람직한 관계 속에 있다면 며느리가 지속 성장하며 더 좋은 삶을 향해 자신의 삶을 완성해나가는 모습을 응원하고 지지해주는 것이 시어른의 덕목이라는 생각이 들어요.

물론 그분들의 사고방식을 이해할 필요는 있습니다. 지속 성장하는 산업 생태계 속에서 남녀가 대립하며 생존경쟁을 하는 걸 경험하지 못한 세대일 수 있거든요. 우리 부모님 세대는 남편은 밖에서, 아내는 집에서 가사와 육아를 전담하는 경우가 대부분이었어요. 그러니 자신과 유사한 프레임으로 우리를 볼 수밖에요. 결혼을 하고 시집을 왔으니 자신처럼 당연히 아이를 낳고 여필종부의 삶을 살아가야 한다고 생각하실 수도 있습니다. 그래서 다른 세대는 잘 이해할 수 없는 이야기를 자연스럽게 할 수도 있는 것이죠.

그렇다 하더라도 선택은 우리의 몫입니다. 시어머니의 관점에서 한 말을 모두 받아들일 것인지, 아니면 자신의 선택대로 할 것인지 구분하고 자연스럽게 나아가면 어떨까요? 당신 삶의 주인은 당신 자신이니, 주인이자 기획자로서 삶을 계획해보세요. 확고한 방향성을 가진다면 주변 사람들의 이야기에 결코 흔들리지 않을 것입니다. 또한 새로운 세대로서 이전 세대와 다른 진보된 사고와 관점으로 사색하는 것은 신세대인 나의 특권입니다. 실행하세요.

김 영 휴 의   한 마 디 :

시댁은 남편을 낳아준 부모님이 사시는 가정이며 아이를 낳는 일은 나와 남편이 이룬 가정에서 결정해야 할 고유의 일이다.

즐겁게 일에 몰두하다가
문득 소중한 사람에게 미안해질 때

—

무언가 몰입하고 있는 자신은 지금 매우 행복한 상태입니다. 누가 되었든 멀리서 몰입하는 것을 지켜보면 매우 아름답습니다. 자신이 좋아하는 일, 잘하는 일에 골똘히 몰두해 있는 그 모습만큼 아름다운 모습이 또 있을까요. 그런데 몰입하지 않는 주변 사람은 때때로 몰입한 그 사람을 보면 자신을 소외시킨다고 오해하기도 합니다. 그러나 진정 사랑하는 관계라면 상대방이 행복해하는 그 순간을 방해하고 싶을까요? 그 모습을 보며 자신이 소외당한다고 생각할까요? 진정 사랑하는 사이라면 배우자가 하는 일이 반열에 오르게 된 것을 응원하고 지켜보며 참아줄 수 있지 않을까요?

그리고 이렇게도 한번 생각해봅니다. 여성들은 남편이 자신의 일에 몰두하느라 집에도 못 들어올 정도가 됐을 때, '나를 소외시키는구나' 하고 생각할까? 오히려 도시락을 싸가며 그것을 응원하고 보조해줄 텐데. 그런데 여성이 자신의 일에 몰두하면 이야기가 달라지잖아요. 응원은커녕 여성은 도리어 눈치만 보게 됩니다. 왜 여성은 자신의 일에 몰두하는 데 가족들의 응원을 받으면 안 되나요? 응원받고 성장하는 삶을 지향하는 게 나쁜 건가요? 허튼 짓, 개인의 자유와 일탈을 일삼는 것도 아닌데 왜 아내나 엄마를 위해 참아주고 기다려주는 것을 당연하다고 생각하지 않을까요. 자식이 공부에 미쳐 있으면 부모는 너무 행복해하면서 건드리지 않고 충분히 하라고 밀어줍니다. 그게 사랑입니다. 그런데 여성은 왜 자신이 사랑하는 일을 함에 있어 타인의 협조를 구하는 일에 죄의식을 갖는 걸까요?

'미안하다'고 느끼는 것은 당신이 스스로 만들어낸 착한 죄의식일 수도 있습니다. 물론 가족과 함께 공유하는 시간도 꼭 필요하지만, 개개인의 삶의 지속 성장에 필요한 가족의 기여나 배려도 꼭 필요하다고 생각합니다. 우리는 모든 것을 잘할 수는 없어요. 몰두해서 생산성을 높이고 있다는 것은 굉장히 효과적인 경영을 하고 있다는 것이고, 그럼으로써 어느 한 가지가 비고 부족해지는 것은 인정해야만 해요. 여성은 신도 아니고, 완벽한 사람도 아니랍니다. 그러니 그들에게 마냥 미안해하며 죄의식을 가질 게 아니라 솔직하게 소통하고, 그들을 소외시키는 것이 아니라고 고백하고, 진정으로 합의와 동의를 구하는 과정이 필요할 듯합니다.

"내가 사업을 함으로 인해 이 부분을 제대로 하지 못한다는 것을 잘 알고 있고 미안합니다. 하지만 평생 이럴 게 아니라 지금 중요한 시기를 보내고 있으니 조금만 더 참고, 서로 도와주도록 해요."

이렇게 가족에게 협조를 구하고 몰입의 행복을 누리세요. 저 또한 이런 대화가 자유롭지만은 않았습니다. 아마 대부분 그럴 것입니다. 일에 미쳐 있을 때 제 남편 또한 저를 많이 걱정하며 힘들어했습니다. 하지만 저는 스스로 떳떳하기에 아랑곳하지 않았고 묵묵히 걷고 또 걸었습니다. 만약 이렇게 하지 못하고 남편의 입장에 맞춰주다가 내 삶의 경쟁력이 없어진다면, 그때 가서 "당신이 안 도와줘서 이렇게 된 거예요!" 하고 말할 건가요. 아니면 내 일에 최선을 다해 몰입하고 결과를 얻어낸 후 "그때 함께해주지 못해 미안해. 하지만 그래서 지금의 내가 있는 거야. 정말 감사해요"라고 말할 건가요.

저 역시 그랬습니다. 그 일은 그때밖에 할 수 없었고, 그 즉시 하지 않으면 영원히 불가능했기에 선택했고 나중에 가족들에게 진심으로 사과했습니다. 모든 걸 잘할 수 없다고 생각했기에 최선을 다해 노력했고 그 나머지에 대해서는 가족들에게 진심으로 이야기한 후 협조를 구한 것이죠.

당신에게도 그런 시간이 필요해 보입니다. 지금 일에 몰두해 있는 이 귀한 시간, 행복한 시간을 놓치지 말고 가족들과 함께 솔직한 심정을 나누고, 그들의 협력을 구해보세요. 사랑하는 가족은 당신의 영원한 지지자입니다.

김 영 휴 의 한 마 디 :

완벽한 삶이란 없다. 다만 진정으로 노력하며 스스로에게 실시간 질문하는 탁월한 삶이 있을 뿐이다.

사업을 하며
남편과 사이가 멀어져 안타까울 때

—

한번 이렇게 생각해볼까요? 만약 우리 가족의 생존을 위해 남편이 사우디로 3년 동안 해외 근무를 하러 간다면 아내인 난 어떻게 할까요? 또 남편이 승진을 하고 해외로 발령이 나가서 몇 년 동안 지내야 한다면 어떻게 할까요? 또 아이들의 교육을 위해 남편과 헤어진 채로 몇 년을 지내야 한다면 어떨까요? 아마 너무도 자연스럽게 그 상황을 받아들이지 않을까요? "가족이란 그런 관계잖아" 하면서요. 하지만 반대의 입장이라면… 그리 자연스럽진 않을 것 같죠?

많이 달라지고는 있지만 그래도 아직 우리 사회 남편들은 이런 부분에 썩 능동적이지 않은 것 같아요. 같은 상황일 때 남편은 아내를 응원하거나 이 상황을 자연스럽게 받아들이지 못하거든요. 그렇다고 포기를 해야 할까요? 아닙니다. 당신의 노력과 리더십, 기다림이 필요한 시점 같아요.

사람의 생각이 변하는 건 사람마다 시간차가 좀 있어요. 그래서 속도가 빠른 사람이 더딘 사람을 위해 기다려주는 배려가 필요하죠. 내가 나로 살지 못하는 채로는 건강한 가족 관계를 유지하기가 힘듭니다. 제가 그랬거든요. 내가 나로 잘 살아야 배우자에게도 온전히 기여할 수 있고, 괜찮은 아내, 좋은 엄마 역할도 할 수 있었습니다. 만약 일을 통해 당신의 삶이 온전해진다면, 포기하지 말고 가족들의 생각이 변할 수 있도록 돕고 기다려줘야 할 것 같습니다.

남편이 당신의 삶을 지지해주지 않고, 당신도 생각을 굽히고 싶지 않다면 최악의 선택까지 갈 수도 있을 겁니다. 하지만 그 전에 먼저 저는 최선을 다해보라고 말하고 싶어요. 자신의 욕구만 일방적으로 전달할 것이 아니라 가족들에게 진정으로 도움을 요청하는 겁니다. 일과 삶이 함께 동반 성장하는 가족 구성원이 되어 달라고요. 사랑으로 구성된 가족이라면 당신이 힘들어하는 이 부분을 가지고 계속해서, 끝까지 힘들게 하진 않을 겁니다. 단, 반드시 진정함으로 먼저 다가서는 게 중요합니다.

당신이 얼마나 자신의 일을 간절히 원하고 있으며, 그것이 당신의 삶에서 왜 중요한지를 먼저 진단하고 그걸 가족과 나눠보세요. 엄마와 아내 그리고 가족이 동반 성장하는 삶에 무관심한 가족 구성원은 아마도 없을 것입니다. 다만 그것을 어떻게 협력하고 이루어가야 할지 조금 서툴 뿐이겠죠. 그게 두려워 회피하다 보니 해결하지 못한 채 시간이 흐르고 있는 건 아닌지 모르겠습니다. 힘내세요.

김 영 휴 의 한 마 디 :

동시에 한꺼번에 잘할 수 없는 일도 순서대로 하나씩 하면 쉬워진다.
순서가 정해지지 않아 혼란스럽고, 혼란스럽기에 효과적으로 하지 못하는 것이다.

가정보다 일에 몰두하다 사업에 실패하면
모든 걸 잃는 게 아닐까?

—

일 때문에 가족들과 떨어져 지내게 된 젊은 여성 CEO분이 이런 말씀을 하신 적이 있어요. 정말 일에만 올인할 수 있게 되었는데 막상 그렇게 되니 사업에 실패하면 일뿐 아니라 가족까지 다 잃은 절망감에 빠질까 걱정이 된다고요. 마음을 다잡을 수 있는 방법을 물으시더군요.

그분과 여러분께 다시 묻고 싶습니다. 지금 당신에게 가장 중요한 것은 무엇인가요? '당신 자신'입니까, '일'입니까, '가족'입니까. 만약 답이 '나 자신'이라면 당신의 선택대로 하면 됩니다. 그러나 '가족'와 '일' 모두 중요하다고 답한다면 이제 당신은 어떻게 해야 할까요?

제 얘기를 잠깐 해볼까 합니다. 저는 일과 가족과 나를 하나로 생각합니다. 제 꿈은 제가 '잘 사는 것'입니다. 저에게 있어 '잘 산다'라는 것은 건강한 가족 관계를 유지하며 나 자신이 지속 성장하는 삶을 사는 것, 가족이 동반 성장하는 삶을 사는 것입니다. 저는 제가 일을 한다고 해서 가족 관계가 깨지고 흐트러지는 것을 원하지 않았습니다. 일과 가족, 어느 것 하나를 선택할 수는 없었습니다. 아마 많은 여성들이 그런 생각을 할 것입니다. 건강하고 온전한 나로 살기 위해서는 일이 필요했고, 그 일을 하는 가운데서 가족도 건강하게 동반 성장하기를 바랐습니다. 저 역시 일을 하면서 아이들과 함께하는 시간이 적었고, 각자 보내야 하는 시간이 잦았어요. 그러나 그런 시간으로 인해 관계가 끊어지기보다는 오히려 서로에게 더 애틋한 마음을 가지게 되었고, 서로의 소중함을 더 많이 알게 되었습니다.

떨어져 지내면 붙어 있는 것보다 더 진지하게 연결된 관계로 지낼 수도 있습니다. 저는 가족만이 공유하는 사이버 공간에 가족 카페를 만들어서 아이들과 떨어져 지내는 시간 동안 매우 긴밀하게 소통했습니다. 하루하루 일어나는 일들을 글로 공유하면서 아이들의 마음을 만져주고, 실시간으로 글과 편지를 써서 잘해주지 못한 마음을 더 잘 전달할 수 있었습니다. 저에게 그런 시간은 소중한 추억이 되었고, 애틋한 감정을 느끼는 시간이 되었죠. 아이들 역시 지금은 그 어떤 부모와 자식 관계보다 훨씬 서로를 가깝게 인식하고 있습니다. '결코 가족과 붙어 지낸다고 해서 잘 살고, 떨어져 지낸다고 못 지내는 것은 아니구나' 하는 걸 경험했어요. 붙어 있어도 서로를 외면하고 더 나쁜 사이로 데면데면해질 수도 있으니까요.

중요한 것은 어떤 삶과 방법을 선택할 것인가와 그 문제를 대하는 나의 마음입니다. 당신은 누구입니까? 사업에 꼭 성공하고 싶은 사람인지, 아니면 반드시 가족을 지켜내야 하는 사람인지, 거기에 대한 룰과 기준을 가지고 있습니까? 어떤 삶을 살고 싶습니까?

마음이 정해졌다면 거기에 따른 가장 효과적인 방법을 찾아보세요. 가족 간의 커뮤니티를 만들어 글로 소통하고, 자주는 아니지만 함께 있는 시간을 통해 서로의 사랑을 확인하는 관계로 만들어 나갈 수도 있을 것입니다. 저에게는 온전한 나 자신으로 살기 위해 일이 필요했고, 그 선택을 했기 때문에 명확한 방향성을 갖고 길을 찾을 수 있었습니다. 지금 당신도 스스로에 대한 진단과 새로운 룰이 필요할 때 같아요. 이런 제 경험이 답이 될 수는 없겠지만 당신이 그런 룰을 정하는 데 작은 영감이 된다면 좋겠습니다.

김 영 휴 의 한 마 디 :

하고 싶은 일을 했는데도 불안하다면
무엇이 빠졌는지 놓치고 있는 건 없는지 살펴보자.
순서가 바뀌어도 불안은 엄습한다.

주중에는 일하느라 주말에는 집안일 하느라 쉬지 못한다면

—

일을 하는 여성들이 이런 고민, 참 많이들 하죠. 하지만 여성은 로봇이 아니랍니다. 여성에게도 주기적인 휴식이 필요해요. 따라서 이런 경우 '어떻게 휴식을 취하느냐'를 생각하기 이전에 충분히 휴식을 취할 수 있는 룰과 시간을 스스로 확보하는 것이 중요합니다.

대부분의 여성이 이 부분에 대해 죄책감을 많이 갖곤 합니다. 이는 곧 제 이야기이기도 합니다. 꼭 주말에 쉬는 것뿐 아니라 주말까지 일을 해야 할 경우, 자신이 가정을 돌보고 집안일을 해야 하는데 하지 못하는 것에 대해 가족들에게 미안함을 느끼는 한편 월요일에 일을 다시 시작할 수 있는 재충전의 시간을 충분히 갖지 못하고 눈치를 봅니다. 하지만 일부러 가족을 방치하고자 한 것도 아닌데, 가족이 이 상황을 공감하지 못한다면 그 관계는 막역하다고 할 수 없을 거예요. 진짜 사랑하는 사이라면 당신의 목을 조이기보다는 오히려 딱하게 생각할 것입니다.

제대로 기업을 경영하는 사람들 중에는 일과 휴식을 특별히 구분 짓지 않고 일에 몰두하면서, 그것으로 인해 얻어지는 성취감을 통해 재충전을 하며 가는 경우가 많이 있습니다. 저 역시 제 업의 현장에서 일을 하는 것과 가정을 돌보는 일, 그리고 휴식 간의 경계가 없는 채로 살고 있습니다. 그래서 다른 주부들처럼 집에서 아이들을 돌보는 데 충분한 시간을 쓸 수 없었고, 주말 역시 집안일을 하느라 보낼 수 있는 시간이 여의치 않았어요.

하지만 가족과 어떻게든 함께 시간을 보낼 수 있는 방법을 찾기 위해 가족을 태우고 저의 일터인 백화점에 나가야 했습니다. 롯데월드 잠실점에 가족을 내려놓고, 저는 바로 옆 백화점에서 일을 했습니다. 대구, 부산 등 지방으로 출장을 가야 할 때면 거기에도 함께 가서 잠깐이라도 시간을 보내며 제가 할 수 있는 최선을 다했습니다. 다소 미흡하긴 했지만 나중에 아이들이 "우리는 엄마와 함께 하는 시간이 없었다", "너무 힘들었다" 하는 상황은 생기지 않았어요. 바쁜 가운데 그 작은 시간이라도 함께했다는 것에 즐거워했고, 지금은 우리만의 소중한 추억으로 남아 있습니다.

저는 그때 아이들에게 말했습니다. "엄마도 너와 함께 시간을 보내고 싶어. 하지만 백화점으로 오지 않으면 엄마는 힘들어. 대신 백화점으로 오면 옷도 사줄 수 있고 맛있는 것도 사줄 수 있어. 엄마를 좀 도와줄 수 있을까?" 그렇게 아이들은 엄마가 주말에 무엇을 하는지 옆에서 보았고, '우리 엄마 정말 열심히 살고 있구나. 일하는 엄마 모습 진짜 멋지다!' 하며 결코 이 생활에 이의를 제기하지 않았습니다.

지금도 저는 일과 휴식의 큰 구분이 없이 일하고 있습니다. 물론 정말 몸이 힘들 때는 충분히 잠을 자거나 머리를 식히며 시간을 보내기도 합니다. 그러나 이를 위해서는 절대적으로 가족의 도움이 필요합니다. 그리고 때에 따라 가사 도우미의 도움도 필요합니다.

일에 몰두하든, 휴식을 취하든, 당신은 의도적으로 가족을 외면하는 것이 아니라 당신의 삶에 최선을 다하는 동시에 자기경쟁력을 키워가기 위한 과정 중에 있습니다. 그 과정에 대해 동의를 구하고, 주말까지 집안일을 하지 못하는 것으로 눈치 보지 말고 소통하고 협력하여 풀어나가기를 권유합니다. 빠르게 천 리를 가는 준마도 있지만 다소 느리게 가면 만 리도 간다고 하지 않았던가요?

김 영 휴 의 한 마 디 :

전력 질주는 단기간의 경주에만 유리하다.

결혼과 일을 조화시키기 위해
필요한 것

—

그거 아세요? '힘들다'는 말에는 '힘을 들이고 싶지 않다'는 뜻도 포함돼 있다는 걸요. 또한 '힘들다'는 말 속에는 '내가 잘 못한다', '준비되지 않았다', '취약하다'는 의미도 포함되어 있답니다. 정말 잘 해내고 싶다면 잘할 수 있는 방법을 찾으면 되고, 잘 모른다면 알기 위해 노력하면 되고, 다른 무엇보다 이것을 잘 해내는 데 몰입하고 에너지를 쏟으면 됩니다.

결혼생활과 일을 함께 해내려고 고민하는 여성분들이 많이 계시죠. 혹시 당신은 실제로 결혼과 일을 동시에 가져가야 할 그 상황을 두려워하고 있는 건 아닐까요? 조금 더 쉽고 편한 방법으로 원하는 것을 다 얻을 방법은 없는지 묻고 있는 건 아닐까요? '사업도 하고 결혼도 하는 건 정말 힘들 수 있어' 하고 이미 받아들인 상태라면, 이 질문을 하는 대신 두 가지를 모두 가져갈 수 있는 방법을 연구하고 있을 것입니다.

저는 스스로 선택한 일에 대해 실패하거나 후회하는 걸 별로 좋아하지 않습니다. 누구나 그렇겠지만 유독 그런 편입니다. 일을 하면서 많이 힘이 들 때는 순간 그런 생각이 들기도 했어요. "그냥 확…" 하고요. 그러나 결혼조차도 내가 선택한 일이니 그것이 실패로 돌아가는 걸 원하지 않았어요. 후회를 하느니 차라리 그 시간에 이 문제를 관통해버리자고 생각했습니다. 어차피 결혼이란 사전 연습을 해보고 하는 것이 아니기에, 이 상황이 힘들고 문제가 되는 건 나만 그런 게 아니었습니다. 상대 또한 똑같이 겪고 있을 문제였을 것입니다.

지금은 우스갯소리로 이야기하지만, 죽었다 깨어나도 다시 결혼은 하지 않을 거라고 생각했습니다. 한 사람에게 맞춰 사는 것도 이렇게 힘이 드는데 이 미친 짓을 또 하냐 하는 생각 때문이었어요. 그리고 그 전에 이혼도 절대 하지 않겠다고 생각했습니다. 결혼하고 이렇게 힘든 대가를 지불하면서 30년이란 시간을 왔는데, 이 관계를 평탄하게 평정한 보상을 이 사람으로부터 받아야지 누구에게서 받겠냐 싶더라고요.

이 질문에서 중요한 지점은 바로 당신이 '힘들 것이다'라고 생각하는 그 부분과 직면하는 것입니다. 결혼과 일을 조화시키는 것은 물론 쉽지 않습니다. 당신의 상대 또한 똑같이 힘들 거예요. 그러나 그 힘든 것을 받아들이고 관통하겠다고 인정해버리면, 그다음은 힘을 효과적으로 들이는 방법을 찾는 과정으로 이어지지, 포기하거나 그 자리에 머물러 고민만 하고 있게 되지는 않을 거예요. 당신은 지금 어떤 상태입니까? 힘듦에도 불구하고 그것을 간절히 원하기에 돌파할 마음가짐이 되어 있습니까?

김 영 휴 의 한 마 디 :
....

사업을 잘한다는 것은 '얽키고설킨 복잡도'가 높은 일을 잘 해결한다는 뜻이다. 복잡계 난이도 경영은 나를 아는 것으로부터 시작한다. 나를 잘 알려면 문제 속에 빠져 있는 나를 직면하면 된다.
....

부모님 하시던 사업을
딸인 내가 잘할 수 있을까?

—

부모님 사업을 물려받으시는 경우도 있으시죠. 아들딸 구별이 무의미한 시대가 되어 따님들도 대를 이어 사업을 하시는 경우가 많은 것 같아요. 그런데 '딸인 내가 망치면 어쩌나' 불안해하시는 분들이 계세요.

불안함을 떨치는 방법은 하나밖에 없습니다. 그 불안함의 실체와 직면하는 것입니다. 우리가 '불안하다'고 생각하는 것에는 이런 것이 포함되어 있을 수 있습니다.

두렵다.
준비가 안 되어 있다.
잘 모른다.
어렵다.
힘들다.
잘 하지 못한다.
...등등.

불안하다고 생각하는 그 실체 안에는 어떤 것이 포함되어 있나요? 어떤 것들이 준비가 안 되어 있기 때문에 불안한가요? 어떤 것에 자신이 없고, 잘 모르나요? 어떤 것에 대해 어렵거나 힘들다고 느끼나요?

이런 것들을 하나하나 직면하고 분석해, 준비가 안 되어 있다면 지금부터 준비를 시작하고, 잘 모르는 건 알아가기 시작하면 됩니다. '내가 뭣 때문에 불안하지?' 이런 생각에 직면해보지 않고서는 불안의 요소들이 그저 두루뭉술하게 뭉쳐져 깜깜한 적막강산으로 느껴지게 되는 것이죠. 그러니 당신을 불안하게 만드는 적막강산의 실체를 파헤쳐보세요.

단, 그때마다 명심해야 할 것이 있습니다. 바로 모든 책임의 원인을 나에게로 가지고 오는 것입니다. 남에게로 돌리는 순간 그 문제들은 당신이 해결할 수 없는 것이 되어버리고 맙니다. 불안감의 실체에 직면하되 당신에게로 모든 원인을 끌고 와 하나씩 헤쳐 나가보세요. "왜 원인을 내게서 찾나요? 말도 안 돼요." 이렇게 말할 수도 있어요. 맞아요. 하지만 원인을 내게서 찾아야 답도 내게서 나오고, 노하우도 내 것이 되는 거잖아요. 노하우를 내 것으로 하기 위해 맞이하는 불안은 무섭고 두려운 불안의 존재가 갑자기 호기심의 대상으로 존재가 전환되는 계기가 되기도 합니다. 참 우습지요?

그렇게 불안과 직면하는 습관을 가지면 놀라운 일이 벌어집니다. 깜깜하기만 했던 방안에 불이 환하게 밝아지며 내 앞을 가로막고 있는 실체가 보입니다. '이런, 내 앞에 의자가 놓여 있었구나!' 하고 알게 되면 그 의자를 치우거나 피해서 가면 됩니다. 그 전까지는 이렇게 보지 못했기에 별것도 아닌 이유들에 갇혀 속수무책에 불안해하기만 했던 거예요. 보았으니 이제부터는 나를 가로막는 이 문제를 비켜 지나가거나 사라지게 할 수 있다는 걸 알게 된 겁니다.

그리고 이 방법을 사업을 해나가는 모든 과정에서 '불안과 문제'를 푸는 해법으로 적용해보면 좋을 것입니다. 이렇게 단 한 번이라도 불안을 해소하는 경험을 해보길 권유드립니다. 그러면 "이렇게 쉽고 간단한 방법이 있었구나!" 하고 감탄하게 되고, 이것을 계속 반복하다 보면 일과 관계에 있어 어느덧 아무 문제가 없는 고수가 되어 있을 거예요!

김 영 휴 의   한 마 디 :

끝없는 불안의 최고 진원지는 마주하지 않음과 무지이다.

Chapter 2

점점 더 성장하는
기업을 만들기 위해
어떻게 해야 할까?

—

상상을 즐기고 생각을 현실로 옮기는
가장 쉬운 방법

—

생각을 조심해라, 말이 된다.
말을 조심해라, 성격이 된다.
성격을 조심해라, 운명이 된다.
우리는 생각하는 대로 된다.

마가렛 대처

상상하는 힘이
현실의 벽에 부딪쳐 약해질 때

—

상상력은 힘이 세죠. 엉뚱한 상상력이 누군가의 꿈을 현실로 이루게 합니다. 저 또한 몽상가입니다. 다만 저는 몽상가이면서 실행해보는 것을 즐기며 그 과정에서 얻는 깨달음, 성취감에 중독된 사람이 아닌가 싶어요. 상상한 것을 실행으로 옮기는 게 조금은 덜 두려운 이유는, 가상 시나리오가 다른 사람들에 비해 다양해서가 아닌가 싶습니다. 여러 시나리오가 있다 보니 좀 더 신속하게 실행을 하게 되고 잘 안 되었을 때 대처할 시나리오까지 준비를 해두니 그 상황 자체에서도 즐거움을 느낄 수 있었습니다. 이런 저를 보며 어떤 사람은 무데뽀다, 무모하다, 진취적이다 등등 여러 이야기를 하곤 합니다. 그러나 저는 이렇게 생각합니다.

상상과 생각의 세계는 즐거움과 자유로움을 주고

지식과 정보의 세계는 자신감을 주며

경험과 체험의 세계는 자존감을 주고

불안과 두려움을 없애준다.

상상한 것을 실행하는 과정 중 크고 작은 실패가 와도 저는 결코 작아지지 않습니다. 오히려 그 순간을 통해 저의 에너지를 다시 충전시키는 계기로 만들죠. 이것을 '자가발전 미친 배터리'라고 부릅니다. 무너지면 또 일어나고, 좌절하는 순간 다시 희망을 발견하는, 그래서 절대 작아지지 않고 다시 에너지가 충전되는 배터리. 지는 그런 사고를 가지고 있고 그래서 결코 지치지 않습니다.

엉뚱한 상상력을 실행하는 과정 중에 "아니야", "틀렸어", "잘못됐어" 하는 결과가 나올 수도 있겠죠. 그리고 처음에는 괜찮을지 몰라도 그런 결과가 계속 반복되면 "내 상상이 그저 망상이었나" 하는 생각이 들게 마련입니다. 그러는 과정이 거듭되면 움츠러들고 상상력은 점점 줄어들며 급기야 상상한 것을 펼치지 못하게 될 수도 있습니다.

이럴 때는 이 일이 실패로 돌아간 원인이 무엇인지 그것과 직면해보세요. 단순히 '내가 상상한 게 안 되었구나' 하는 좌절의 마음에만 집중할 게 아니라, 내가 감당할 수 있었는데 못한 것인지, 아니면 다른 요인이 있었던 것인지 분별해보는 겁니다. 만약 내가 변화되고 노력해서 실패하지 않을 수 있다면 그렇게 하면 되잖아요? 이렇게 하다 보면 오히려 실패를 거듭하는 것이 기운이 보충되는 시간으로 바뀔 수 있습니다.

저 또한 당신처럼 상상력이 풍부하고 엉뚱한 상상을 즐기고, 때때로 그 상상이 좌절과 실패로 돌아오기도 합니다. 하지만 그것을 실행하고 실패하는 과정에서 반드시 그 실체를 들여다보고 원인을 찾아내려고 노력합니다. 한 번 실패했을 때 그것을 들여다보지 않으면 계속해서 그 실패를 반복하게 될 테니까요. 거듭되는 실패로 늪에 빠지는 대신, 그것을 에너지를 충전하는 시간으로 가져간다면 실패도 학습의 귀한 도구가 되지 않을까요?

김 영 휴 의   한 마 디 :

상상력이 신념과 동기를 만나면 실행력이 된다.
실행력이 나다움을 만나면 '파워'가 된다.

갈수록 경제가 어려워지는데
사업을 빨리 정리하는 게 답일까?

—

　내 일을 누군가에게 문의할 때는 스스로 자신 없는 의견에 대해 확인을 하거나 내 선택이 괜찮다는 위로를 받고자 하는 마음이 들어서일 수도 있습니다. 사실, 답은 당사자가 가장 잘 알고 있으며 가장 적절한 판단을 내릴 수 있는 사람도 자신일 거예요.

　이런 경우, 수익을 내지 못하는 이유를 다시 한 번 짚어보는 게 어떨까요? 단순히 외부 환경 문제는 아닐 수 있으며 안 좋은 경기에 적절하게 대처하지 못했거나 스스로 경쟁력을 가지지 못해서일 수도 있습니다. 따라서 그런 이유들을 찾아보는 계기가 되면 좋을 것 같아요. 만약 이런 계기를 통해 차별점도 찾아보고 경쟁력을 확보한다면 불경기도 뛰어넘고 새로운 시장을 만들 기회가 될 수도 있거든요.

　따라서 우선, 수익이 잘 안 나는 데 대한 책임을 어려워진 환경에 대처하지 못한 내게로 가져오는 겁니다. 동종업계가 어려워져도 표표히 살아남은 기업들이 있습니다. 이런 기업들은 어떻게 생존을 사수하는 걸까요? 트렌드도 가고, 그 아이템을 찾는 사람이 줄어드는데도 영원히 살아남아 업계의 자존심으로 존재하는 기업의 비책. 그것을 학습하는 기회를 가져보는 겁니다.

내부와 외부 상황이 나쁠지라도 마음먹기에 따라 그것은 새로운 기회가 될 수 있습니다. 리더십과 자신감은 어려울 때 진가가 발휘되더라고요. 이번 기회에 다른 사람이 복제할 수 없는 당신만의 비기를 한번 만들어보세요! 영국 속담에 "평온한 바다는 유능한 뱃사공을 만들 수 없다"는 말이 있습니다. 비바람이 몰아치는 바다 위에서 배를 몰 때 신속하고 안전하게 하산하는 방법도 있지만, 그런 상황 속에서도 살아남는 방법을 연습하는 소중한 기회라고 생각하며 버텨보는 방법도 있을 거예요.

김 영 휴 의 한 마 디 :

기업의 외부 환경은 이미 오래전부터 좋고 나쁨을 반복해왔다.
이후에도 이 반복은 계속될 것이다. 생태계의 법칙이 그렇다.

적자 폭이 늘어가는데
지금까지 투자한 게 아깝다면

—

'위기는 기회'라는 말은 멀리 있지 않습니다. 실시간으로 내 앞에 있기도 합니다. 왜 적자 폭이 점점 커졌는지, 손익분기점을 넘지 못하는 이유가 무엇인지 그 책임을 자신에게서 찾아보는 계기로 삼아보는 건 어떨까요. 그 답을 찾아낸다면 지금의 위기는 기회가 될 수 있습니다. 비록 작은 기업이지만 우리가 힘든 순간들을 견디며 여기까지 올 수 있었던 것은, 그 어떤 경우에도 안 되는 이유와 방법을 모색하는 대신 '되는 방법'만을 모색했기 때문입니다. 현재 상태에서 '안 되는 것'에만 머물러 있지 말고 원인을 파악하고 상황을 뒤집을 수 있는 '되는 방법'을 그린다면 그것은 현실이 될 수 있습니다.

적자 폭이 늘어나는데 지금까지 투자한 게 아깝다는 생각에 고민이 된다면 다음과 같이 해보세요. 먼저 잘못된 투자로 판단된다면 손절매를 하고 다른 사업을 알아보거나 사업을 정리하는 방법이 현실적입니다. 대부분 대표들이 잘못된 판단으로 적자 폭은 늘어나는데 현재 사업을 정리할 방안이 없어서 끌고 나가는 경우가 많습니다. 현재 사업의 적자가 지속될 상황이라면 과감히 정리하고 재기할 수 있는 방안을 찾으세요. 그럼에도 불구하고 현재의 적자가 단순한 시장 상황, 즉 제품 교체 시기나 준비 시기에 맞물려서 일어나는 거라면 시간을 갖고 기다리셔야 하고, 불량률이 높거나 생산성이 안 맞는 등의 문제라면 원가 중심으로 분석을 해보시는 것이 필요합니다.

제 꿈은 큰 기업 이전에 100년을 넘는 기업이 되는 것이기도 합니다. 제가 죽고 난 이후에도 고객들이 헤어웨어라는 패션을 즐기며, '씨크릿우먼의 김영휴라는 사람이 만들어주어서 이렇게 우리가 나이가 들었음에도 아름답고 예쁘게 자유로운 패션을 즐기는구나' 하고 웃으며 주고받을 대화를 상상하면서 '위기는 기회'라고 다짐하게 됩니다. 그렇게 오늘에 이르다 보니 20년이 되어가려고 합니다. 제가 먹었던 마음으로 한번 접근해보면 어떨까요.

김 영 휴 의   한 마 디 :

오만 가지 안 되는 이유도 있지만
오만 가지 되는 이유가 더 많다.

회사가 너무 어려울 때,
가장 먼저 인건비를 줄여야 할까?

—

　　재무적으로 기업이 힘들어졌을 때는 인건비를 포함한 고정비를 점검해보라고 권유해주고 싶어요. 고정비를 중요도순으로 다루되, 인건비는 가장 마지막에 고민해보세요. 죽은 기업을 살리는 것도, 산 기업을 죽이는 것도 모두 사람이니까요. 단, 인건비를 줄이는 방법도 조직원의 일부를 내보내는 방법이 있고, 함께 고통을 감내하는 방법이 있습니다. 함께 고통을 감내하자고 했지만 "나는 못하겠다"고 결국 뛰쳐나가는 직원도 있습니다. 제가 경험을 해보니, 이렇게 동참하지 못하고 뛰쳐나가는 직원을 내보내는 것은 심리적 리스크가 적으나 나가고 싶지 않은 직원을 내보내는 경우에는 보이지 않는 에너지 소진이 생각보다 많았습니다. 따라서 고정비 중에서도 대체가 가능한 비용과 불가한 비용으로 나누고 대체 가능한 영역의 것부터 과감하게 줄이는 전략을 권해봅니다.

사람을 다루는 것이 답이기도 하지만 관점을 좀 다르게 가져보는 것도 도움이 될 것 같아요. 즉 조직원들이 가진 마음의 상처, 갈등 요인 등으로부터 오는 리스크나 돈으로 환산하기 어려운 조직원의 사기 저하 현상 및 기회비용을 합리적으로 다루는 계기로 가져가면 전화위복이 될 수 있지 않을까 합니다. 조직을 줄일 때 오는 감정과 관계의 어그러짐으로 인한 돌발 상황이 생각보다 많은 게 중소기업의 현실이더라고요.

그런 다음 생산성을 다뤄보는 게 어떨까요. 물론 제 말이 다 정답일 수는 없지만, 저는 사람을 먼저 다루는 것이 가장 위험하다고 생각합니다. 기업도 인생처럼 100년을 가려면 오래갈수록 사람에 투자해야 한다고 봅니다.

저에게도 분명 힘든 시절이 있었습니다. 비슷한 고민을 하지 않을 수 없었지만, 제가 어려워졌을 때 힘을 실어준 사람이 바로 직원들이었습니다. 나 몰라라 하며 회사의 생존과 본인의 이익을 별개로 생각하는 직원은 짐으로 느껴졌습니다. 진정으로 회사를 위하는 직원은 사장의 호소에 동감했고 힘을 실어주었습니다. 항상 가족에 준하는 마음으로 진정함으로 직원들과 소통했고, 그래서 진심으로 사정을 이야기하고 도움을 요청할 때 직원들도 모두 진정함으로 협력을 해주었습니다.

조직은 혼자가 아닙니다. 개인의 역량이 뛰어난 것도 중요하지만 그 개인이 뭉치면 핵폭탄이 될 수도 있습니다. 함께하는 힘은 개인의 에너지와 격이 다른 에너지로서 불가능을 가능케 만드는 에너지요, 모든 가능성도 결국 사람이라는 것을 저는 직접 체험하며 알게 되었습니다.

김 영 휴 의   한 마 디 :

기적을 만드는 것, 전설을 만드는 것은 사람이며
기적과 전설을 무가치하게 만드는 것도 사람이다.
세상만사 시작과 끝이 사람이라면 사람 경영은 천하 경영의 단초이다.

지금이 바닥났을 때,
그래도 한 걸음 더 나아가야 할까?

—

기업이 망하는 이유는 대부분 견디지 못해서 그렇게 되는 것 같습니다. 타인과 외부 의존도에 대한 의존도가 높으면 높을수록 견디는 힘이 취약해집니다. 따라서 최소 비용으로 버티면서 가능한 한 외부 의존도를 낮추는 기회로 가져가라고 권하고 싶습니다. 힘이 든다는 것을 다른 각도로 해석해보면 들어가는 돈보다 나가는 돈의 비율이 높다는 해석을 해볼 수 있습니다.

저의 경우 작은 기업이지만 맨몸으로 시작해 한 번도 투자를 받지 않았고, 매출의 범위 내에서만 지불하고 재투자를 결정했습니다. 그래서인지 아무것도 없었던 것에서 이만큼이 생겨났다고 생각하니 이게 꿈인가 생시인가 싶은 생각이 들어요.

기업과 조직의 생존 경쟁력에서는 힘듦과 어려움을 견디는 능력이 돈을 버는 능력보다 먼저 필요한 능력이 아닐까 싶어요. 돈을 많이 벌다가 망하는 일보다 매출이 일지 않을 때 견디는 구력이 없어서 망하는 경우가 더 많잖아요? 이것을 극복하는 것이 바로 리더가 해야 할 일이 아닐까 생각해봅니다.

많은 조직원들이 힘들 때 도망가고 포기합니다. 또 타인에게 의존해 문제를 해결하려고 합니다. 그러나 저의 경우 힘들 때 더욱 조직원들과 협력하고, 협조를 구하는 대신 외부 자금에 의존도를 낮추며 버틸 수 있는 방법을 찾았습니다. '힘들 때의 견디기 법칙 : 번 것의 범위 안에서만 지출한다.' 이런 법칙을 만들어 지켜보기도 했고요. 당신에게 적용할 수 있는 방법들에는 무엇이 있을까요? 생존을 위해 견디고 버티는 자구책을 찾아보세요. 앞으로도 이런 경우는 얼마든지 반복적으로 닥칠 수 있으니 그 방법을 익혀두는 게 중요할 것입니다.

김 영 휴 의 한 마 디 :

나와 내 삶에 있어선 내가 최고의 전문가다.
내 문제를 타인에게 묻는다면 내 판단에 대한 불안을 확인하고자 하는 것이다.

경비 아끼느라 실무를 직접 해
시간적 여유가 없다면

—

창업을 한 후에는 최소 단위로 효율을 내야 하는 시기가 반드시 있다고 생각합니다. 그러다 보면 나 혼자 너무 많은 일을 하게 되죠. 최소 단위로 가려고 했지만 그러기엔 일이 너무 버겁고, 확장을 하자니 여력이 안 되고요. 큰 그림을 스케치해야 하는데 전략과 전술을 짤 시간도 없이 실무까지 모두 보고 있어 벅차죠.

아직까지 대한민국에서 CEO는 만능 일꾼입니다. 재무, 인사, 생산, 품질관리 등 관여하지 않는 분야가 없지요. 이 모든 일을 해치우다 보니 시간이 모자라는 것은 당연합니다. 그러나, 아직 당신이 알아야 할 것들이 정말 많습니다. 세상 사는 가장 값비싼 수업료라 생각하시고 도전해보십시오. 오히려 '나는 기술자라 재무는 잘 몰라'라는 무책임한 말보다 회사의 대표로서 더 바빠지기 전에 일을 배울 절호의 기회라고 생각하세요.

물론 CEO는 조직과 인적 자원의 효율을 내야 하는 중요한 역할을 담당합니다. 이런 중요한 일들을 감당하지 못한다면 나도 모르는 사이 내 조직의 체질이 점점 약화되는 원인이 됩니다. 따라서 가장 먼저, 해야 할 일 중 가장 중요한 것부터 우선순위를 정하고 스스로 할 수 있는 일과 대체 불가능한 일을 나눠보세요. 그리고 대체 가능한 일은 넘겨주고 분담하며 당신은 중요한 일을 하는 사람의 여유를 만들어야만 합니다. 물론 거기엔 비용으로 감당해야 할 부분도 있을 거예요. 반복되는 일, 대체 가능한 일은 위임하거나 외주로 해결하는 방법도 있어 보입니다. 최소한의 비용으로 그 정도의 여유를 확보하는 게 장기적인 관점에서 더 낫지 않을까 싶어요.

지금처럼 생산성이 없는 기간이 무익한 시간처럼 느껴질 수도 있지만 지나고 생각해보면 그 혼란스러운 시간을 지나며 생각지도 못한 것을 학습했구나 하는 걸 깨닫기도 한답니다. 어려울수록 그 시간을 함께하는 사람들과 더욱 *끈끈한 동지애*를 다지는 것처럼 말이죠. 스티브 잡스와 워즈니악처럼.

김 영 휴 의   한 마 디 :

중요한 일과 대체 불가의 일을 결정하는 것, 그것이 중요한 사람이 해야 할 일이다. 중요한 사람이 허드렛일을 하는 것은 허드레 조직이 되어가는 징후이기도 하다.

창업을 하고 보니 할 일이 너무 많아 과부하가 걸린다면

—

'바쁘다'는 느낌과 표현은 이미 정해놓은 순서대로 진행되고 있지 않을 때 느끼는 감정이며 표현이기도 합니다. 즉 사전 준비가 미흡할 때, 일을 그냥 닥치는 대로 처리하고 있을 때 주로 이런 느낌을 받게 되지요. 제 과거의 모습이기도 합니다. 당신은 어떤 순서대로 관리를 하고 있나요? 대표는 모든 일을 알고 있고 점검해야 하지만, 그 중요도 우선순위를 따져 시간을 정해놓고 하는 것이 효율적입니다. 그래서 저는 이렇게 나눠서 점검을 합니다.

매일 해야 하는 일

주기적으로 해야 하는 일

월별로 해야 하는 일

만약 매일 해야 할 일을 안 하고 지나간다면 분명 문제가 생길 수 있기 때문에 거기에 가장 우선순위를 놓고 하게 됩니다. 그중 제게 가장 중요한 1번 과제는 바로 자금과 매출 관리입니다. 이번 달에 먹을 쌀부터 조달해놓아야 그다음도 있을 테니까요. 당신에게는 어떤 일이 가장 시급한 것입니까? 그걸 리스트화해서 처리해보세요. 과부하가 걸리는 대신 좀 더 일의 순서와 중요도가 체계화될 수 있을 거예요.

김 영 휴 의 한 마 디 :

내 삶과 일에서 최우선순위가 되어야 할 것은 내가 누구인지 아는 일이다. 내가 누구인지 아는 가장 쉬운 방법은 일과 삶을 직면할 때 반응하는 여러 가지 모습의 '나'를 보는 것이다.

자꾸 사람에 대해
분노가 일어날 때

—

　대표도 사람이죠. 맞아요, 사람! 그런데 회사를 이끌다 보면 성인군자가 되어야 한다고 느낄 때가 많죠. 하지만 성인군자가 아닌데 어떻게 성인군자의 삶을 살까요? 다만 어떤 일이 일어났을 때 '어떻게 하면 이 문제를 좀 더 효과적으로 풀 수 있을까?' 생각하며 이런저런 시나리오를 써볼 수는 있습니다. 대부분 그 선택은 자신에게 좀 더 유리한 쪽일 테고요.

　분노가 일어나는 일을 만났을 때, 이렇게 한번 생각해보세요. '상대방의 말을 어떻게 해석하느냐에 따라 달라질 수 있다.' 가만히 보면 같은 말을 들어도 전혀 화가 나지 않는 사람(심지어 아무렇지도 않거나 관심도 가지 않는)이 있는가 하면, 불같이 화를 내는 사람이 있습니다. 누군가 어떤 말을 했을 때 분노가 올라온다는 것은 그 말에 자극을 받고, 그 자극이 인정이 되기 때문에 일어나는 현상이기도 하거든요. 따라서 상대가 나를 화나게 한다면 '내가 왜 이 말에 자극을 받지?' 하고 내 안에서 그 이유를 찾는 습관을 한번 가져보세요.

　왜 그렇게 해야 하냐고요? 자꾸 화가 나면 일단 화나는 내가 행복하지 않잖아요. 내 삶의 행복지수를 더 높이기 위한 작전으로 그렇게 하는 거죠. 세상에 그 어떤 이가 나를 자극해도 화를 내지 않을 수 있다면 그 사람이 성인군자 아닐까요? 우리는 우리를 화나게 하는 사람을 자꾸 떠나보내려는 습성이 있습니다. 예쁘지 않은 내 모습을 자꾸 보여주는 게 괴로워서 그래요. 그러니 어쩌면 분노가 올라오는 내 모습을 개선하는 최적의 방법은 보이고 싶지 않은 내 모습을 내가 들여다보는 게 아닐까 싶어요. 이해를 위해 제 경험을 한번 예로 들어볼게요.

창업 초기에 직원들을 채용하고 함께 일을 하는데, 하는 것마다 마음에 안 들고 말이며 행동이며 저를 자꾸 화나게 하는 직원이 있었어요. 결국 그 직원을 내보냈고, 이후에도 마음에 안 드는 직원들은 계속 나가게 됐죠. 그러다 보니 1년 내내 새로 직원 뽑고 교육하는 일만 거듭했고, 나중에는 남아 있는 직원이 한 명도 없는 거예요. '왜 이렇게 직원들은 내 말을 안 듣지?' 하고만 생각했는데, 가만히 앉아 생각해보니 말을 듣지 않은 건 직원들이 아니라 나였더라고요. 그들의 말은 전혀 들어주지 않은 채 조직을 이끄느라 애쓰고 있는 내가 보였던 겁니다.

처음엔 좀 어려울 수 있지만 시간을 거듭할수록 내게서 원인을 찾게 되면 분노하게 되는 영역이 점점 줄어들 것입니다. 저 사람이 한 저 말에 왜 내가 화가 나는 걸까? 저 말에 왜 내가 반응을 하지? 이것을 다스린다면 앞으로 같은 식의 말과 행동에 분노하지 않아도 됩니다.

조직원의 관심과 에너지가 최대로 뿜어져 나올 수 있는 환경이 최적의 환경이다. 그리고 그 환경은 함께 만드는 게 최적이다.

직원에게
배신감이 느껴진다면

—

피해의식과 배신감은 그냥 있어도 많은 에너지를 소모하게 만듭니다. 이 에너지를 보완하려면 피해의식과 배신감을 느끼는 실체가 무엇인지 들여다보아야 합니다. 미처 준비되지 않은 관계로 인해 배신을 한번 당했다고 칩시다. 그때 그 배신이 어디서부터 온 것인지, 내가 무엇을 준비하지 못해서 당한 것인지를 들여다보고 준비해보면 어떨까요.

사실, 리더는 자신이 최선을 다해 대해줬는데 직원이 배신을 하면 여러 생각이 들기 마련입니다. 급기야 떠나간 직원이 밉고 화가 나기도 하지요. 저 또한 초기에는 직원 한 명이 떠나가고 나면 마음에 구멍이 나고 오랫동안 메꿔지지 않아 좌불안석하는 시간이 길었습니다. 행복하지 않았어요. 처음엔 '그 직원이 왜 그럴까'만 생각했는데 정신을 좀 차리고 보니 상황이 전혀 다르게 보이더군요.

실제 대다수의 중소기업은 창업 직원이 오랜 시간 같이 일을 하는 게 매우 힘듭니다. 다들 한두 번 이 문제로 고민을 합니다. 직원들도 한 집안의 가장이고 돈이 필요한 사람입니다. 처음 창업을 할 때에는 우리 같이 성공하자고 하지만, 일정 기간이 지나도 직원의 삶이 달라지지 않고 앞이 보이지 않을 때 이직을 선택하지요. 그들에 대한 보상책을 준비하지 못한 부분에 대한 문제를 해결해나가야 합니다. 직원들의 공로가 크다고 판단이 된다면 정책적으로 직원들을 위한 배려가 선행되어야 합니다. 스톡옵션이나 스톡그랜트 같은 제도를 활용해 장래에 우리 회사의 주주가 될 수 있는 길을 열어두는 것은 어떨까요? 현재로선 창업한 지 얼마 안 되어 보상이 미비하겠지만요.

또 하나, 직원들이 우리 회사를 디딤돌로 해서 더 좋은 회사로 이직을 한다는 것은 중소기업의 생리상 당연한 것이라고 받아들여야 합니다. 이직하는 직원이 우리 회사보다 더 크고 좋은 회사로 이직하길 바라는 것은 절대 욕심이 아닐 겁니다.

내가 아무리 잘해도 떠날 사람은 떠나고 남을 사람은 남는 게 조직입니다. 이럴 때는 혹여 내가 필요 이상으로 이 직원에게 집착한 건 아닌가, 아니면 어떤 배려를 빠뜨린 건 아닌가, 이런 식으로 생각해보는 게 좋습니다. 저도 그렇게 생각을 하고 제 태도와 생각을 바꾸자 놀랍게도 이직률이 줄더니 거의 없어지다가 지금은 재입사자들이 한두 명씩 늘기까지 했습니다.

피해의식, 아픔 등의 감정은 나 자신을 힘이 빠지게 만듭니다. 결국 상처로 남게 되죠. 조직은 만남과 떠남이 있을 수밖에 없다는 걸 기억하고, 혹 원하지 않는 헤어짐이 생기거나 배신의 상황이 벌어진다면 그 원인을 내게로 가져와 보길, 조심스레 권유해봅니다.

그렇게 차곡차곡 준비를 쌓다 보면 또 누군가 떠난다 하더라도 배신을 당했다는 감정 대신 나라는 사람의 관계 지수가 높아지고 있으며 앞으로 사람으로 인해 에너지가 소진되는 현상은 점점 줄어들 거란 확신이 들게 됩니다. "아니, 그 사람이 잘못했는데 왜 내가 그걸 감수해야 하죠?" "배신을 한 건 그쪽인데 왜 내가 고쳐야 하죠?"라고 물을 수도 있습니다. 하지만 상기해보면 상대를 고치는 것은 힘이 들고 가능하지도 않잖아요. 그러니 그는 그대로 두고 나만 고치면 훨씬 문제 해결이 빠르고 쉬워진답니다. 관계에서 상대가 틀렸다는 방식으로 문제를 해결하게 되면 힘이 들고 문제 해결이 어렵거든요.

김 영 휴 의   한 마 디 :

자기성찰을 통해 자기를 혁신하는 일은 많이 할수록 좋다.
이것이야말로 자가발전하는 일이다. 왜냐하면
첫째, 돈이 들지 않으니까.
둘째, 힘도 들지 않으니까.

셋째, 에너지가 새지 않으니까.

넷째, 다른 이와 갈등할 일이 없으니까.

다섯째, 눈치 볼 일이 없으니까.

여섯째, 시도 때도 없이 할 수 있으니까.

일곱째, 나만 노력하면 되니까.

사내 교육의 필요성을
효과적으로 전달하는 법

—

리더 입장에서 보면 사내 교육은 꼭 필요한데, 직원들은 크게 호응하지 않는 경우가 대부분이죠. 모든 리더들의 공통된 고민이기도 합니다. 하지만 이 말이 좀 위로가 될지도 모르겠습니다.

'저항이 없는 혁신은 혁신이 아니다.'

이런 일들은 무엇보다 자발성이 기반이 되었을 때 가장 효과적입니다. 따라서 조직원들이 자발적으로 할 수 있는 토대를 만드는 것이 중요합니다. 더불어 회사에서 하는 독서 토론이나 기타 교육은 일을 잘하기 위한 목적으로만 하면 안 됩니다. 개인의 삶과 가족의 삶에도 함께 영향을 미친다는 사실을 알게 되면 그 전과는 확연히 다른 생각으로 참여하게 됩니다.

저는 회사에서 하는 일 외의 다른 교육은 모두 겉으로 보기엔 직무 교육 같지만 내용은 모두 인성 교육이라고 생각하며 실행했습니다. 회사에서 교육을 받고 집으로 돌아갔는데 가족들이 "엄마 멋있어졌다!"고 하고 "달라졌다!"고 한다면 어떨까요? 또 옛날에는 문제로 보였던 것들이 문제가 되지 않는 경험을 한다면요?

조직원들이 회사에서 받는 교육을 의무감이나 업무용으로 느끼는 것은 당연합니다. 하지만 그 교육이 자신의 삶에 전체에 영향을 미치고 자신이 '괜찮고 멋있는' 사람이 되는 데 큰 역할을 한다면 그런 거부감이 줄어들 거예요. 나중에는 훨씬 더 즐거운 마음으로 동참하고 일에도 긍정적인 영향을 미칠 수 있게 될 것입니다.

김 영 휴 의 한 마 디 :

사랑이 깃든 언행은 좀 서툴러도 그 느낌은 진진하다.

– 공자

만사를 가능하게 하는 마법은 사랑이다. 사랑은 쉽고도 어렵다.

여러 사람 말에 귀 기울이다 보면
사장으로서의 기준이 무너질 것 같다?

—

사업하시는 분들 중에서는 불도저 같은 성격을 지니신 분들이 많으시죠. 저도 비슷한 유형인데요.

보통 우리가 '독단적'이라고 할 때 어떤 사람을 가리키나요? 아마 타인의 의견을 존중하거나 자신과 다른 의견과의 합의를 도출하기보다는 자기 기준만이 옳다고 주장하는 사람에게 그런 평가를 할 것입니다. 그런 사람들은 대체로 합의를 도출하고 타협하는 일에 서툴기에 자꾸만 자신의 방식대로 했을 것입니다. 하지만 일을 독단적으로 처리하면 편리할 수는 있어도 다른 이들과 함께하고 멀리 가기에는 효과나 생산성이 떨어지기 마련입니다. 게다가 자발성이 없는 조직원의 협력은 성취도가 떨어지고 점점 에너지도 고갈되죠.

그렇다면 여러 의견을 조합하면 훨씬 좋은 게 나올 수 있는데 왜 굳이 독단적으로 하는 걸까요? 앞에서 말했듯 의견을 조율하고 협의하는 것이 어렵게 느껴지거나, 잘 못하고 서툴기 때문에 그렇기도 하고, 또 내 의견이 관철되지 않았을 때 일어날 수 있는 경우의 수 그리고 주도권을 잃게 될 것에 대한 염려나 불안, 두려움 때문에 그렇기도 합니다.

따라서 우선 이 사실을 인정하고 받아들여야 할 것 같아요. 그런 다음 나의 옳음을 인정받으려면 타인을 틀리게 하지 않고 협력을 이끌어내야 한다는 사실을 기억하고, 그 지혜를 키우기 위해 노력해보세요. 타인의 의견을 수렴하고 유연하게 대처하는 방법을 보완한다면 이런 문제에서 훨씬 자유로울 수 있을 것입니다.

백인백색의 삶을 놓고 옳음과 그름, 좋고 나쁨을 구분하는 일은 갈등과 분쟁 그리고 불행의 시작과도 같습니다. 나의 옳음과 좋음을 유지하고 관철시키기 위해 지불할 대가가 얼마나 클지 한번 생각해보세요. 어쩌면 끝없는 분쟁에 휩싸일지도 모를 거예요. 인간이 함께하는 이유는 갈등과 분쟁을 위해서가 아니라 협력을 도모하고 서로 도움을 주고받기 위해서입니다. 독단적인 사람을 따라가거나 지배받는 걸 즐기는 사람은 없을 것입니다. 무엇이 더 효과적인지 서로 합의된 룰이 필요할 뿐이죠.

김영휴의 한마디 :

취약함은 그 사람의 삶을 효과적으로 만들어주기도 한다. 누구나 취약함을 직면하는 것이 가장 불편하기에 그것을 덮고, 밟고, 외면하기 일쑤이기 때문이다. 멈추고 보면 비로소 보게 된다. 취약함이 내 일과 삶의 미개척 지대라는 것을….

열심히 일하지만 주관이 너무 강한 직원과
풀어가는 방법

—

'주관이 강하다'는 말을 좋게 달리 해석해보면 어떻게 될까요? 자신의 일에 자신감과 아집이 있다는 뜻도 되고, CEO가 시킨 일에 애정과 책임감을 가지고 있다는 뜻도 될 거예요. 다만 아집으로 보이는 그 성향으로 인해 조직원 간에 협의를 도출하는 데 에너지가 소진될 수도 있어요. 또 '내가 맡은 일은 이것이니 나는 이것만 해야 한다'는 생각으로 일관한다면 조직의 융통성이 떨어질 수도 있긴 합니다. 그러나 이것 역시 가능성으로 풀어가 보면 어떨까요?

모든 문제에는 빛과 그림자가 공존합니다. 빛의 활용 가치를 꾀하려면 리더는 그림자 측면을 잠시 내려놓고 협의를 할 필요가 있습니다. 아집이 강하고 타인과 잘 협력하지 못하는 사람들은 대부분 '내가 옳다'는 기준을 갖고 있어요. 그래서 "나를 따르라"고 일방적으로 이야기하지 않고 그에게 이것이 왜 모든 사람에게 효율적이지 않은지 알려주고 이해하면 변화의 주도자가 될 수도 있습니다. 기업의 가능성을 함께 만들어갈 의사가 있기만 하다면 아집이 있는 사람도 기꺼이 변화를 받아들이더라고요.

고집을 부리는 사람들의 특징은 욕심이 많다는 것도 있지만 '내가 이 기준을 놓는다면 내가 잘하고 있는 일을 제대로 할 수 없을지도 몰라' 하는 두려움과 '내 존재감이 낮아질지도 몰라' 하는 염려가 있기 때문이기도 합니다. 그러니 열심히 일하는 점에 대해서만큼은 극찬과 독려를 해주며, 불안과 염려를 불식시켜주는 게 좋겠습니다. 변화에 대한 불안과 두려움, 그리고 무지에 갇혀 있는 한 인간은 '나의 옳음'으로부터 자유로울 수 없답니다.

김 영 휴 의   한 마 디 :

때로는 강점이 약점이 되기도 한다. 약점을 어떻게 최소화하는가, 반전시킬까? 그것이 어려운 게임이다. 왜냐하면 해보지 않았고 하고 싶지 않기 때문에 잘하지 못하고 작아 보일 염려가 크기 때문이다. 인간은 누구에게나 인정받고 싶은 존재이기 때문이다.

문서화와 보고 시스템에 적응 못하는 직원들, 어떻게 하면 좋을까?

—

　　　　모르고, 경험하지 못한 사람은 당연히 힘들게 할 수밖에요. 잘 모르니까요. 그래서 해본 사람, 아는 사람이 상황도 만들고 할 수 있게 만들고 배려하는 게 답이더군요. 모르는 사람은 모르기 때문에 상황이나 변화를 주도할 수 없으니까요.

몰라서, 기회가 없어서 할 수 없는 것과 할 생각이 없는 것은 다르겠지만 종종 먼저 경험을 해봤다는 이유로 마치 갑이 된 것처럼, 경험이 없는 사람을 무례하게 대하는 모습을 보게 됩니다. 사실, 이것은 해봤느냐 안 해봤느냐 문제이지 '능력이 있다 없다'의 문제는 아니잖아요?

내가 만든 새로운 회사에 시스템이 필요한 것은 당연합니다. 단 경험이 없는 직원들이 이를 잘 따라올 수 있도록 차근차근 알리고 공유하는 과정이 필요합니다. 이때 유의할 것은 모르는 것에 대해 움츠러들거나 회피하지 않는 문화 만들기, 모르는 부분을 솔직하게 터놓고 정면 돌파할 수 있는 문화 만들기, 이런 부분에 대해 서로 부딪혀 해결할 수 있도록 하는 자율적인 사내 문화 만들기입니다. 이런 것들을 고려한다면 모든 운용을 효율적으로 할 수 있을 것입니다.

김 영 휴 의 한 마 디 :

모르는 사람은 아는 사람을 가르칠 수 없다. 영원히.
하지만 모르는 사람의 대체 불가 역할도 있다. '가르치지 말고 영감과 깨달음을 주세요'라는 말을 하는 역할이다.

240

오래 함께한 직원보다 신입사원의 능력이 뛰어나면
어떻게 해야 할까?

—

연차가 오래 되었고 성실하지만 성과를 크게 내지 못하는
직원이 있죠. 반면 들어오자마자 성과를 보여주는 뛰어난 신입사원
도 있습니다. 이럴 땐 참 난감하죠. 차등 대우를 하자니 비인간적으
로 느껴지고, 그냥 두자니 혹시 신입사원의 열정을 사장시킬까 걱
정이 되고요.

그래서 인사제도 평가의 룰이 필요합니다. 자신이 만든 조직의
합리적인 1차 룰은 리더가 직접 만들어야 하고요. 이때 '왜 이 사람
들을 뽑았는가,' '이 사람들과 무엇을 하려고 하는가,' '우리는 이것
을 잘하고 있는가'에 대한 리더의 자기 점검을 통해 더 나은 룰로
만들어가야 합니다.

기업은 인재 경영을 통해 생산성과 잉여 가치 효율을 만들어내는
것이 본질입니다. 옳고 그름, 좋고 나쁨을 구별하는 윤리 조직이 아
닙니다. 저 또한 창업을 하고 8년 동안 이런 문제로 한참을 헤맨 기
억이 있습니다. 잘하지 못하기 때문에 오랫동안 헤맸고 지금도 쉽
지 않아요. 지금도 물론 인사 관리는 끊임없이 학습 중에 있습니다.
다만, 조직의 리더는 기업의 효율성, 생산성을 판단하는 데 있어 개
인의 옳고 그름, 윤리 기준과는 다른 기준이 필요하다는 걸 잘 인지

해야 합니다. 그래야 일과 감정을 분별하고 중요한 순서대로 선택할 수가 있게 됩니다.

조직을 처음 관리해보는 사람에게는 어려울 수 있어요. 이해합니다. '내가 나쁜 리더가 되면 어쩌지?' 하는 생각이 자리 잡고 있기 때문입니다. 저 또한 그랬거든요. 하지만 내가 좋은 사람으로 남을건지 경영을 잘하는 사람으로 남을 건지 더불어 나의 직함이 무엇을 다루는 직함인지에 깨어 있다면 사사로움으로부터 자유로워질수 있을 것입니다. 저도 그것을 깨달았을 때 비로소 이런 것들로부터 상쾌해졌던 경험이 있습니다.

리더의 궁극적인 목표는 기업의 생존을 책임지고 효율을 경영할줄 아는 사람이 되는 것입니다. 생존에 입각한 효율을 다루다 보면나쁜 사람이 되기도 하고, 가십의 도마 위에 오르기도 하며 누군가에게는 '비인간적'이고 '못된' 평가를 받기도 합니다. 그러나 경영자는 이런 평가로부터 자유롭고 초월해야 합니다. 효율을 잘 다룸으로써 얻어지는 이익으로 다른 사람과 세상에 유용한 선을 주는것이 바로 CEO 직분이요, 덕목이기 때문입니다.

김 영 휴 의 한 마 디 :

CEO는 옳고 그름, 좋고 나쁨으로 평가받는 사람이 아니라 조직의 지속적인 수익 창출로 평가받는 직함이다.

칼퇴근을 고집하는 밀레니얼 세대와
어떻게 소통해야 할까?

—

회사를 운영하다 보면 적당한 소통의 자리가 반드시 필요한데 요즘 젊은 세대는 회식을 싫어하죠. 칼퇴근하는 것도 중요하게 여기고요. 그래서 직원들과 어떻게 소통하는 자리를 만들어야 할지 고민하시는 사장님들 많으실 겁니다.

트렌드와 대세를 거스르면 대가를 지불해야 하고 에너지도 소진되는 것 같아요. 그래서 답은 하나. 그저 '빨리 맞춰야' 할 뿐입니다. 단, 내가 맞추되 효과적으로, 능동적으로 하려면 어떻게 해야 할지 그 방법을 찾아야 합니다. 찰스 다윈이 말했습니다. "강한 자가 아니라 적응하는 자가 살아남는다"고요. 기업도 CEO도 같다고 생각합니다.

요즘 젊은 친구들이 칼퇴근을 하고 과거 해오던 소통의 장을 불편해한다면 그들의 방식에 빨리 적응해서 방법을 찾아내면 되는 일입니다. 자꾸 나한테 맞추려고 그들을 채찍질하기 때문에 '꼰대'가 되는 것 아닐까요? 저 또한 꼰대로 취급받지 않으려고 그들의 입장이 되어 생각하고 사고해보려고 부단히 노력 중입니다. 물론, 녹록지 않지만 저의 노력하는 모습만으로도 충분히 이해의 공감대가 형성되지 않을까요?

내가 맞출 수 없는 것은 맞출 가치와 의미를 못 느끼거나 맞추기 싫은 것
이다. 인간은 고치기보다 맞추기가 더 쉽다. 고치기는 감정 유발이 추가되
므로 또 다른 에너지를 필요로 한다.

직원들이
사장을 소외시킬 때

—

　'직원들과 관계를 풀고 싶은데 묘안이 없다'는 질문을 종종
받게 됩니다. 어느새 회사에서 왕따가 된 것 같다고, 직원들이 사장
과 소통하려 하지 않는다고요. 그때 저는 거울 뉴런 법칙을 이야기
하곤 합니다. 즉 '내가 웃으면 그도 웃는다'는 사실이죠.
　관계는 모두 그렇지 않을까요? 내가 관심을 보여야만 상대도 관
심을 보이는 것. 그것이 자연의 법칙입니다. 소외당하고 싶지 않다
면 내가 그 소외를 끊는 시작이 되면 됩니다.
　의도적으로 왕따를 시키는 조직도 있겠지만, 당신이 그들의 행동
에 가만히 있기 때문에 그런 분위기가 지속되는 것일 수도 있습니
다. 당신이 먼저 관심을 가지고 그 상황을 극복하기 위해 노력해보

세요. 그들에게 먼저 다가가고, 소통하기 위해 관심을 보여주세요. 모든 해결의 솔루션도 내게 있고 결과도 내게 있다고 생각하며 접근한다면 그간 풀리지 않았던 문제들도, 불가능했던 삶의 영역도 새롭게 다가올지 모릅니다.

혹자들은 말합니다. 내가 잘못이 없는데 왜 원인을 내게서 찾아야 하느냐고요. 네, 당신 말이 맞아요. 하지만 갈등 관계를 상대가 주도할 때까지 기다리지 않고 당신이 주도하고 싶다면, 그런 관계를 푸는 솔루션의 노하우를 자신의 경험으로 축적하고 싶다면, 그렇게 해보세요. 그것이 관계를 내 맘대로 끌고 가는 데 훨씬 효율적이랍니다. 어때요, 간단하죠?

김 영 휴 의   한 마 디 :

내가 관심을 가진 것들만 내게 관심을 보인다.

내가 관심이 없는 것들은 보아도 보이지 않는다.

시이불견(視而不見) 청이불문(聽而不聞)을 생각해보자.

섬세한 성격 탓에 직원들을 꼼꼼히 챙겼더니
오히려 독이 되었다?

—

　세심한 성격으로 직원들 개개인에게 관심도 많고 잘 챙겨
주다 보니 그게 오히려 좋지 않은 결과로 이어졌다며 직원과의 적
당한 거리에 대해 고민하는 사장님이 있었습니다. 자신이 좋아서
한 일이 '독이 된다'는 건 어떤 의미일까요? 잘해주는 만큼 기대치
가 생기고, 그 기대치만큼의 피드백이 오지 않아서 독이 되는 건 아
닐까요?

　누군가에게 무언가를 해줄 때 '내가 이만큼 해주니 너도 이렇게
해줘야 한다.'는 생각을 가진다면, 그것은 안 해주는 것만 못합니다.
물론 상대방이 '당연히 해줘야지' 하고 받아들이게끔 만드는 것도
당신의 잘못입니다. 줄 때에는 아무것도 바라지 않아야 하고, 줄 때
에도 상대방이 당연하다고 느끼지도 않게 해야 합니다. 그렇지 않
으면 방법이 없습니다.

　그렇게 할 수 있는 거리를 저는 이렇게 정의하고 싶습니다.

　　서로 불편하지 않은 거리

　　굳이 애쓰지 않아도 되는 거리

사랑에는 적당한 거리가 있어야 한다고들 하지요. 나의 모든 걸 본 사람은 가족뿐이어야 한다고 생각합니다. 친구든, 동료든, 나의 너무 많은 부분을 필요 이상 공유한다면 공유 자체가 문제가 되는 게 아니고 적절함의 기준이 모호함으로 인해 반드시 그것이 나중에 독이 될 수도 있는 것입니다. 서로에 대해 신경 쓰거나 그래서 불편 하지 않을 만큼의 거리는 나도 지켜야 하지만 상대도 그 정도의 매너와 예의를 아는 관계가 지속적일 수 있다고 여깁니다.

애쓰지 않아도 되는, 자연스러울 정도의 거리가 좋은 거리 아닐까 생각을 해봅니다. 관심과 배려 또한 누군가에게 베풀 때에는 상대가 갚을 것을 기대하지 않을 만큼 주는 게 잘 주는 것이라 여겨집니다. 어디까지나 제 생각이지만요.

김 영 휴 의   한 마 디 :

이 세상 모든 갈등은 기대에 못 미치거나 필요 이상의 반응에서 비롯한다. 주되 기대하지 않을 범위와 받되 거북하지 않은 범위를 정하면 된다.

내가 너무 열심히 일해서
직원들이 성장하지 않는 것 같다면

—

저도 그랬습니다. 아직도 가끔은 바보 사장일 때가 있어요.
그때를 돌이켜보면, 서로 간에 적절한 룰이 준비되지 않아 나를
잘 따라주지 않는 사람들에게 '나 이런 사람이야' 하는 걸 확인시켜
주고 싶어 그랬던 것 같기도 해요. 리더로서 솔선수범하는 모습을
보여주겠다는 명분으로 말입니다. 내가 이렇게 해야만 따라오지 않
을까 하는 불안의 시간이었는지도 모르겠어요. 단계별로 이 방법도
틀린 건 아니라고 생각합니다. 그러나 이런 방법으로는 효과적이지
않다는 걸 점점 깨닫게 되면서, 더는 바보가 되지 않기 위한 레벨로
점점 진화하더군요.

바보 엄마는 아이의 문제를 대신 풀어줍니다. 바보 사장도 그렇
습니다. 직원의 일을 대신 해주죠. 하지만 직원의 실력은 결코 늘
지 않을 겁니다. 어떤 역할을 대신해주면 그 사람의 역량은 점점 다
운되게 됩니다. 함께 가기를 원한다면 그가 할 수 있게 기회를 주고
그가 할 때까지 기다려주어야 합니다. 성취를 포기하라는 말이 아
니라 기다려주면서 후일 그 사람으로 하여금 더 큰 성취를 이루도
록 하라는 뜻입니다. 더뎌 보이지만 그렇지만도 않습니다.

어쩌면 리더의 조급증이 기다림을 못 견디게 하는 실체일 수도

있습니다. 이는 제가 자주 범하는 실수이기도 해요. 조직에서 분위기가 화기애애하고 자유로우면 에너지가 선순환하고 소통도 자유롭고 활발합니다. 그러나 부정적이고 얼어 있고 대립각이 있으면 그때는 에너지 소통이 활발하지 않거든요. 이렇게 좋은 에너지의 근원이 되는 긍정 자본을 가진 사람은 주변의 사람들에게 선한 영향력을 미치기도 하지만, 변화하고 싶지 않고, 변화를 두려워하는 다수의 사람들에게 자꾸 자극을 주고 그들이 작고 무능력하게 느끼도록 만들기도 합니다. 똑똑한 사람은 분명 장점도 크지만 그 그림자적인 면에는 변화가 두려운 사람을 작게 만드는 부분도 있다는 거죠.

당신이 필요 이상으로 성취감을 누리게 되면, 곁에 있는 사람은 상대적으로 한없이 작아지고 스스로 무능력하다고 느낄 수 있습니다. 저 역시 반대편의 입장에 대해선 무감한 사람이라는 걸 어느 순간 알겠더라고요. 내가 특별히 잘못을 한 건 아니지만, 강하고 성취감을 즐긴다는 이유만으로도 상대를 작고 능력 없게 느끼도록 하는 상황들이 많았더라고요. 따라서 힘이 센 사람은 의도적으로 덜 강해 보이는 것이 상대와 잘 지내는 방법입니다. 이런 메커니즘을 알면 조직원들과 좋은 관계로 지낼 수 있습니다. 능력은 좋지만 관계가 안 좋은 사람은 협력을 끌어내기가 힘듭니다.
그렇다고 나의 속도를 애써 늦출 필요는 없습니다. 그들을 끌어주되 상대를 작아지지 않게 하면서 기다려주세요. 조직원들 한 사람 한 사람이 각자 결과를 내고 성취감을 느낄 때까지 더디더라도 솔선수범하며 기다려준다면 나중에 훨씬 더 효율적인 조직으로 성장할 것입니다. 성취력이 좋은 사람은 인간관계에 대한 평이 그다지 아름답지 않을 경우가 더러 있을 수 있습니다. 피해를 주지 않는데도 그렇습니다. 저도 오랜 시간이 흘러서야 깨달았습니다. 인간의 속성이 그러하다는 것을 말예요.

사실은 모두 제가 지나온 경험담들입니다.

김 영 휴 의 한 마 디 :

살아 있는 자연의 모든 것들에는 빛과 그림자가 있다. 빛을 많이 발하는 것일수록 그 그림자는 짙다. 불행이란 빛은 누리고 싶어 하면서 그림자는 피하고 싶어 하는 것에서 비롯한다.

갑자기 사업이 잘 될 때,
어떤 선택을 해야 할까?

—

저도 같은 상황이 있었습니다. 씨크릿우먼이 방송에 한 번 나갔을 뿐인데 매출이 확 터졌고, 두 번, 세 번 나가면 몇 배의 수익이 나겠구나, 하는 생각이 들었습니다. 효과적으로 방송을 하면 성공할 수 있다는 걸 알게 된 순간이었습니다.

대부분 이럴 때 사업을 확장할 거예요. 하지만 다리가 견딜 수 없는데 몸무게가 갑자기 늘어나면 어떻게 될까요? 한탕만 하고 문을 닫을 것이냐, 오래 갈 것이냐는 본인의 선택이지만 저는 후자를 선택했습니다. 소위 '대박'이 났지만 우리 회사에는 그것을 받쳐줄 시스템과 조직이 갖추어 있지 않았습니다. 그래서 저는 방송 이후 오히려 매장을 줄였고, 그 사이에 조직 매뉴얼과 시스템을 준비했습니다. 더 멀리 나아가려면 한 발 후퇴해서 준비를 해야 한다고 생각했으니까요.

사업에 있어 이런 시기는 참 중요한 것 같아요. 갑자기 커진 규모를 지속적인 성장으로 가져가지 못해 좌절하는 경우를 많이 보았거든요. 또 눈앞에 보이는 돈에 현혹되어 실패로 가는 모습들도 많았습니다. 물론 "지금이 기회인데 이걸 잡아야 성공하는 거 아니야?"라고 할 수도 있습니다. 하지만 기회는 뒤집어보면 위기가 되기도 합니다. 따라서 섣불리 사업을 확장하기보다는 장기적으로 우리 회사가 이것을 감당할 수 있는지, 조직이 갖춰야 할 기본기를 충분히 다져놓았는지 점검하고 부족한 부분이 있다면 실행안을 만들고 시스템화해야 하는 시기라 생각이 들어요.

차근차근 단계를 거치지 않은 기업과 과정 없는 확장은 오히려 기업을 위기로 만들 수 있다는 걸 명심하세요!

기업의 위기는 호황 때 도둑처럼 스며든다.

호황 또한 어둠 이후 새벽이 오듯 찾아든다.

세상의 모든 변화는 역설적으로 거듭하기를 지속한다.

지인과 사업을 하며 발생하는 문제에
현명하게 대처하는 법

—

　　아는 사람과 사업을 시작하시는 모든 분께 묻고 싶어요. 당신에게 공사 구분을 명확히 하는 룰, 규칙이 있나요? 없다면 이것부터 만들어야 하지 않을까요? 친한 사이에 무슨 룰이냐고 하겠지만 친할수록 합의된 룰이 철저해야 그 관계가 지속될 수 있습니다. 많은 사람들이 처음 창업을 했을 때 이런 과정을 밟게 됩니다. 잉여가치를 창출하기 위해 기업을 만들었지만, 연식을 더해가면서 초기에 먹었던 마음은 온데간데없고 서로의 이해관계가 얽히고설켜 갈등으로 갈라서고 파산하는 경우가 얼마나 많은가요.

　　사적인 관계는 시작은 편할 수 있지만 공적으로 일을 해야 하는 매순간이 불편할 수 있습니다. 따라서 공사를 구분하는 명확한 룰을 만드세요. 사적인 사람과 함께하더라도 그 사람을 공적인 룰에 맞추지 못한다면 안 쓰는 것보다 못한 상황이 벌어집니다. 이런 인적 자원은 많아질수록 늪에 빠질 가능성이 높습니다.

지인과 함께 일할 때는 지인이 이 업종의 전문가로 나와 같이 경영을 하는 것인지, 아니면 기술만 참여하는 것인지 또는 주주로서의 역할만 하는 것인지에 따라 방향성이 달라질 수 있습니다. 나와 같이 경영을 하는 입장이라면 이것은 동업으로 볼 수 있습니다. 서로의 시너지 효과를 기대할 수 있습니다. 그러나 이견이 갈리는 일이 계속 발생한다면, 향후에는 서로 독립의 길을 가는 것도 하나의 방법입니다. 무조건 풀고 가는 것이 능사는 아닙니다. 반복적인 갈등은 회사의 분열을 초래하니까요.

선수들끼리 게임을 할 때 한 가지 기술을 명쾌하게 사용할 때와 구분이 애매한 두 개의 규칙을 교묘하게 섞어 사용할 경우 그 결과는 판이하게 달라집니다. 후자의 경우 자신이 불리할 때는 감정과 기분을 앞세우고 사적인 관계를 내세워 일을 효과적이지 못하게 만드는 경우를 지난 19년 동안 참 많이 보았습니다. 아래 경우의 수를 한번 볼까요?

1. 일과 감정 구분이 잘 안 되는 경우
2. 일과 관계의 구분을 잘 못 하는 경우

1번의 경우 일과 감정의 경계를 애매하게 섞어둠으로써 상황과 기분에 따라 "나 안 해!" 하며 문제에서 탈출하거나 "무슨 말인지는 알겠는데, 기분 나빠서 못하겠다" 하며 공생이 아닌 기생의 모습을 보입니다. 2번의 경우는 일과 관계를 혼용해 문제가 생기거나 불리한 상황이 될 때 사적인 관계를 들먹이며 "내가 얼마나 희생했는데." "잘해줬는데." "내가 언니인데, 동생인데, 사촌인데, 친구인데… 좀 잘못했다고 어떻게 이럴 수 있나" 하며 사적인 기준을 들고 나와 조직의 암덩어리가 되기도 합니다. 비즈니스를 프로페셔널하게 하려면 게임의 룰에도 명확하고 명쾌한 기준이 있어야 합니다. 그 기준이 없어 와해되는 조직이 의외로 참 많거든요.

사적인 사람의 도움을 받을 때에는 공사 구분을 명확히 해주고 서로 불편한 사이가 됨으로써 조직에 피해가 가지 않도록 해야 해요. 저 또한 초기에는 주변 사람들 중에서 채용해 함께 일한 경우가 많았는데, 그로 인한 갈등과 혼란이 얼마나 많았던지… 그 상황을 돌파하며 얻은 교훈이 하나 있다면 바로 이것입니다.

'공사 구분이 불분명한 인사관리는 가능한 한 배제하는 것이 좋다.'

회사가 어려워지면 그런 사적인 관계의 사람들이 남아 지켜줄 것 같지만 실은 그때 가장 먼저 떠날 준비를 하는 것도 그 사람들이었습니다. 그 당시에는 서운한 마음도 컸지만 어쩌면 이것이 인간의 기본값이 아닐까 생각도 했고, 그것이 더 현명하다는 생각도 들었습니다.

제가 정답일 수는 없겠지만 기업은 잉여 가치가 목적이므로 위의 1, 2번으로 인해 다른 열성적인 조직원들에게 피해가 가거나 의욕을 떨어뜨릴 수 있는 상황으로 만들지 않는 것이 리더의 중요한 역할 중 하나라 생각이 듭니다. 제 얘기가 조금이나마 도움이 되면 좋겠군요.

김 영 휴 의   한 마 디 :

조직과 관계 관리의 편리함은 곧 독이 되기도 한다.
편리함은 속성상 오류가 개입될 확률이 높다.
왜냐하면 빈도는 오류의 빈도를 수반하기 때문이다.

PART 4

그리고, 일터에 있는 모든 여성들을 위해

일 하 는 여 성 모 두 가

고 민 할 수 밖 에 없 는 질 문 들

나는 내가 연기할 수 없을 때 연기 제의를 받았고
노래할 수 없을 때 〈화니 페이스〉를 부르라는 제의를 받았으며
춤출 수 없을 때 프레드 아스테르와 춤추라는 제의를 받았다.
그 밖의 내가 준비되지 않았던 모든 종류의 제의를 받았다.
그때마다 나는 미친 듯이 달려들어 그것을 해내려고 노력했다.

-오드리 햅번

직속 상사가 계속 불합리하게
대우한다고 느껴질 때

—

창업 이후 힘든 경험을 통해 직원들과의 관계를 해소하며 왔는데, 힘들게 겪어온 경험의 끝에는 내가 '나의 옳음'을 주장하는 한 상대도 자신의 입장에서 옳음을 쥐고 있기에 합의 도출이 어려우며 그로 인한 에너지 소진이 많다는 것을 깨닫게 되었습니다. 누군가가 '불합리하다'고 말할 때, 그 말 속에는 '상대는 옳지 않고 나는 옳다'는 말이 숨어 있더라고요. 불합리함을 다룰 때에는 먼저 나의 '옳음'을 내려놓고 상대의 옳지 않음을 내려놓아 보는 건 어떨까요. 다시 말해서 '나도 내 입장에서 옳고, 타인도 타인 입장에서 옳다'는 전제하에서 의견 조율을 시작해보는 겁니다.

각자 다양한 색을 가진 인간이기에 저마다 자신이 '옳다'고 생각하는 기준을 갖고 살아갑니다. 그러나 갈등이 있을 때는 두 옳음이 서로 인정하는 기준에 서야만 합리적인 절충이 가능해집니다. 혹자는 이렇게 물을지도 모릅니다. "상대가 틀리다고 생각하는 것에서 갈등은 시작되었는데 옳다고 생각하라니요? 이해할 수 없습니다." 맞아요, 그럴 수 있습니다. 그런데 이런 말이 있어요. "세상의 모든 문제는 문제의 그 땅을 밟고 지날 때 쉽고 빠르고 안전하게 지나갈 수 있다."

그 땅을 밟지 않고 가려면 깡충 뛰기나 엉거주춤 건너거나 돌아가는 방법밖엔 없습니다. 그러나 피하지 않고 그 땅을 밟고 직진해 걷는다면 뒤뚱거리지 않고 지날 수 있답니다.

관계에서 '상대도 옳다'고 생각하면 그다음 단계로 넘어가기가 쉬운데, 상대를 틀리다고 본 상태에서 다음 단계로 가려면 상대는 틀리지 않았다는 것을 증명해 보이는 일에 안간힘을 쓰지 문제를 해결하는 데 애를 쓰지 않습니다. 그래서 시간과 에너지가 훨씬 더 많이 들어가고 문제를 풀기가 어렵더라고요. 같은 상황이라도 그 책임을 내게서 찾는 방식으로 해결하면 좀 더 쉽고 빠르게 도달할 수가 있습니다.

결국 서로 솔직함이 답입니다. 상사의 불합리함이 '나의 옳음'에서 나온 것은 아닌지 생각해보고, 모두가 옳다는 전제하에 다시 답을 찾아보면 좋겠어요. 그리고 최선을 다하되, 상사에게 자신의 상황을 이야기하고 협의를 도출하는 적극적인 소통을 해보면 도움이 되지 않을까요. 삶에 있어 내 일과 업이 중요하다면 상사 또한 중요한 사람입니다. 그를 중요한 존재로 여겨야 그 또한 당신을 중요한 존재로 여겨서 당신이 원하는 배려를 해줄 수 있을 거예요. 이런 과정을 스스로 깨닫기까지 얼마나 사투를 벌였는지 모릅니다. 10여 년이 흐르고 난 이후에 안 사실입니다. 그 깨달음은 놀랍게도 직원이, 협력사가, 내 옳은 말을 왜 듣지 않을까 알 수 없는 가운데 아무리 노력해도 달라지지 않은 시간을 직면하고 마주하며 얻은 선물이었습니다.

김 영 휴 의   한 마 디 :

사람은 옳은 말보다 기분 좋은 말에 더 많이 이끌린다.
인간은 관계가 원활하지 않을 때도 그 관계를 외면하지만 않는다면 기분 좋은 말을 저절로 생각해내는 지능을 가진 존재이다.

상사가 자꾸
내 아이디어를 가로챌 때

—

　　조금 냉철하게 이야기한다면 조직 내에서 나오는 아이디어에 '네 것'과 '내 것'은 없습니다. 따라서 내 것이라고 생각하는 것 자체가 오류일 수도 있어요. 저 역시 모든 사람이 함께 서로의 것을 주고받으며 살고 있다는 것을 인식하고 '내 것'에 대한 날선 기준을 내려놓고 나니 비로소 작은 나눔을 실천하는 계기가 생기더군요. 시작의 원인은 오롯이 나이지만 그 과정은 모두 함께였다는 생각을 해보니 네 것, 내 것을 따지며 생기는 갈등이 평안한 지평으로 옮겨졌습니다. 실은 모두의 것이며, 소유라는 것은 그저 잠시 내 영역에 있는 것에 불과하다는 것을 깨달았을 때 비로소 내 욕심을 관대함의 경지로 옮겨갈 수 있겠더라고요. 물론 저도 부족한 사람이기에 그 과정이 쉽지만은 않았습니다.

오롯이 내 아이디어인데 상사가 자기 것처럼 채갔고, 그래서 속이 상하다는 당신의 마음은 충분히 이해합니다. 하지만 그것을 가져갔다고 해서 당신의 생존에 큰 문제가 되지 않는다면 조직 안에서 당신 것을 남의 것으로 해주는 것도 괜찮지 않을까요? 어쩌면 당신 마음에 그럴 만한 여유가 없는 게 지금 속이 상한 원인일 수도 있거든요. 그리고 이런 문제에서 원인을 나에게로 가지고 오면 훨씬 문제 해결이 쉬워진답니다. 문제를 유발하는 원인이 상대라고 생각하면 상대를 고쳐야 하지만, 나라고 생각하면 나만 고치면 됩니다. 상대를 고치는 건 쉽지 않으니 나를 고치는 것이 때로는 묘안인 겁니다. 내가 틀리지 않았는데도 나를 고친다는 것은 내가 더 나아지는 계기이기도 하거든요.

또 이런 식으로 한번 생각해볼 수도 있을 거예요. '내가 상사와 경쟁 관계이거나 상사로부터 지배당하기 싫거나 상사를 좋아하지 않거나 그와 협력하고 싶지 않은 건 아닐까?' 이것이 사실이라면 있는 그대로 상대에게 유익함을 제공해보세요. 상대와의 관계가 더 편안해지고 오히려 잘 협력하는 계기가 된다면 좋은 기회가 될 수 있습니다. 무엇보다 마음에 조금 더 여유를 갖고 생각을 바꿔보길 추천할게요. 조직에선 흔히 결과를 도출해야 하는 아이디어 토론 과정에서 네 것과 내 것이 없이 결론이 나오기도 하거든요.

그래도 이런 억울함이 일에 대한 당신의 열정을 누그러뜨린다면, 당신이 상황을 다르게 주도하는 방법도 있습니다. 즉, 상대가 영감을 받고 깨달음을 얻을 수 있도록 도움을 주는 것입니다. 당신이 이야기한 게 사실이라면, 늘 좋은 아이디어를 내는 당신이 없으면 안 될 것 같은 상황도 얼마든지 만들 수 있을 거예요. "팀장님은 저 같은 후배가 있어서 정말 든든하시겠어요" 등의 말로 위트를 발휘해볼 수도 있을 것입니다.

물론, 지속적으로 이런 일이 발생하면 조직 전체에 경계심이 생기거나 낮은 성취감으로 이어질 수 있기 때문에 조직 문화 자체를 바꿀 필요도 있어 보입니다. 개인이나 팀의 평가 툴을 올바르게 만들고, 조직 내 룰을 합리적으로 제시하는 방법도 있습니다. 남의 아이디어를 낚아채어 자기 공으로 만들 수 없는 룰을 만든다면 많은 부분이 해소될 수 있을 것입니다. 하지만 모든 일을 룰로 해결하려

한다면 그 룰과 체크리스트를 만드는 일에 너무 많은 에너지를 소모할 수도 있습니다. 적절히 지혜롭게 상호 더 나은 가능성의 시공간을 만들고 그 상황으로 이끌고 주도해보세요. 쉽지 않겠지만 좌절이 따를지라도 시도하지 않는 것보다는 백배 남는 일입니다.

김 영 휴 의 한 마 디 :

복잡하고 난해할수록 진정성으로 정면 돌파하는 게 쉽고 빠르다.
간단한 것들이 얽히고설켜 시간이 지나며 복잡하게 된 것이기 때문이다.

강압적인 스타일의 상사와
원활하게 소통하려면

—

상대가 틀렸다고 생각할 때 그 관계는 영원히 풀 수 없는 것이 됩니다. 이러한 갈등이 생겼을 때는 항상 '상대가 충분히 그럴 수 있겠다, 왜 그럴까?'에서 시작해보면 어떨까요?

우리 함께 생각해봐요. 상대가 강압적이라면, 그는 왜 강압적일까요? 상사가 강압적이라는 건 나의 존재를 누르고 싶어 한다는 것이겠죠. 그리고 나를 누르고 싶어 하는 사람은 어쩌면 당신보다 작은 사람이거나 작아질 것에 대한 염려가 있을 때 그렇기도 합니다. 실제로 강압적일 때는 다급하거나, 작거나, 강하지 않기 때문에 누르고 싶어 하거든요. 그러니 그 강압을 강함으로 보지 않고 허구 또는 허세라는 것을 분별하게 되면 그 앞에서 작아지거나 쫄 필요가 없습니다. 오히려 아무렇지 않게 대하며 "팀장님, 그 방법 외에는 저에게 의사 전달을 할 방법이 없을까요? 다른 좋은 방법도 많이 있을 것 같은데요" 하며 공격이 아닌 영감 받을 수 있는 말을 던져보는 것은 어떨까요. 그리고 자유롭게 자신의 의견을 말할 수 있을 것입니다.

저의 작은 경험으로 미루어볼 때, 강압적인 스타일을 가진 상사와의 관계는 풀기가 쉽지 않은, 난도가 높은 관계 같아요. 그래서 맨 처음에는 당연히 어렵습니다. 하지만 관계 또한 연습을 지속하는 가운데 가능해집니다. 좋은 삶을 살려다 보면 다양한 사람을 만나게 되고, 내가 원치 않는 인격체를 만날 가능성도 상당히 높습니다. 그런 관계는 항상 어렵지만 한 사람씩 '상대를 틀리게 하지 않는 방법'으로 푸는 연습을 지속해나가다 보면 어느새 능숙해지고 말 거예요.

사실은 상대가 나에게 거슬린다면, 그 사람처럼 되고픈 무의식적 욕구가 나에게 잠재돼 있기 때문일 수도 있습니다. 그 사람은 실제로 나보다 연륜과 실력이 있고 똑똑하기 때문에 상사가 되었겠죠. 또한 상사가 강압적으로 느껴진다는 것은 사실 내 안에 강압 당하고 싶지 않은 욕구가 부딪쳐 나타나고 있는 것일지도 모릅니다. 상사가 그러는 게 싫다는 것은, 나 역시 다른 사람을 강압하고 싶거나 혹은 강압 당하고 싶지 않기 때문일지도 모릅니다. 어떤 현상의 관점을 달리해 보면, 그 현상이 주는 피해가 실제 피해가 아닐 때가 있거든요. 저는 이렇게 관점을 달리하는 연습을 수없이 하고 난 후에야 비로소 자유로워졌습니다. 척박한 남성 중심 산업 생태계에서 사업을 하는 동안 항상 녹록지 않았거든요. 늘 랜덤으로 터지는 문제들을 척척, 바로바로 해결한다는 건 사실 누구나 힘들잖아요.

그래서 저는 문제가 오면 일단 직면하기로 했어요. 두려움이 엄습해오면 그 문제를 다른 관점에서 바라보고 시나리오를 써보는 거죠. '아, 이 문제를 통해 내가 이런 것을 배우고 연습할 수 있겠구나. 그래서 이 문제가 지나고 나면 이렇게 좋은 일들이 만들어지겠구나.' 이렇게 문제에 대한 가장 판타스틱한 시나리오를 쓰는 일에 매우 능숙해지자, 어떤 어려운 문제가 닥쳐와도 쉽게 해결해나갈 수 있겠더라고요. 물론, 그 관점은 문제를 '긍정'하는 것에서부터 시작된다는 것이 핵심입니다.

그렇게 문제를 헤쳐나간 후 열리는 문으로 들어가 나오면, 문제 때문에 막혔던 공간보다 훨씬 큰 가능성의 공간이 나타납니다. 가능성의 공간은 이루고자 하는 미래의 시공간으로, 내가 바라는 시나리오가 가득한 마법의 공간이에요. 실제 결과와는 상관없이 그 공간이 만들어진 이상 이미 절반은 결과가 이루어진 셈이나 마찬가지입니다. 그러니 그게 누구와의 갈등이든, 또 어떤 문제든 두려워하지 말고 직면해보세요. 그러면 그다음은 그전보다 훨씬 멋진 이야기가 펼쳐질 거니까요.

김 영 휴 의 한 마 디 :

상대가 강압적일수록 상대를 틀리게 하지 말라.
바로 그런 상대를 인정할 때 변화는 그다음부터 시작된다.
사실이든 아니든 내게 강압적인 사람에 대처하는 비법을 학습하는 기회로 가져가면 그 사람과의 만남도 인연 아니겠는가.
이런 경우 위로가 되는 팁을 드린다.
세상의 문고리는 모두 밖에 달려 있지만 강압적인 사람의 마음의 문고리는 마음 안쪽에 달려 있어 자신이 당겨야 열리는 문이다.

가사와 육아로 회사의 휴일 행사에
계속 참여할 수 없을 때

—

인간은 만능이 아니기에 다 잘할 수 없습니다. 잘하지 못하는 것은 할 수 없다고 표현할 줄 알아야 하고 도움과 협력을 요청하는 것은 생존을 위해 지극히 필요한 자기표현입니다. 이렇게 말하는 저도 처음엔 잘 못했답니다. 가족의 반대를 무릅쓰고 감행한 창업이었기에 힘들어도 고달파도 표현 한 번 해보지 못하고 낑낑대며 죽기 살기로 견뎌내야 했지요. 결코 행복하지 않았던 시간으로 기억됩니다.

할 수 있는 일과 불가능한 일의 중요도 우선순위를 정하고 자신이 가진 에너지를 적절히 안배해야 합니다. 물론, 이 안배는 본인이 직접 해야 합니다. 이 에너지를 잘 관리하지 못한다면 일과 삶을 효과적으로 관리할 수 없는 듯합니다. "너무 지치고 힘들어서, 에너지가 고갈돼서 아무것도 못하겠어." 이건 나와 내 자신은 물론 타인에게도 무책임한 것 아닐까요? 진정한 자기 경영은 회사와 일에 있어 대체 가능한 일은 대체하고, 그러지 않은 것은 자신의 에너지를 잘 안배하는 것입니다. 협조와 도움을 요청해나가는 관계지능을 '레벨 업'하시면 어떨까요. 타인에게 협조와 도움 요청이 필요할 때 하지 않는 것은 자기기만이요, 할 수 없음은 무지한 것이라는 생각도 듭니다. 자기관리도 실력입니다. 자기관리 실력도 연습을 통해 고수가 될 수 있답니다.

인생을 살아가면서 정작 필요로 하는 지식은 바로 이렇게 자신의 삶을 경영하는 자기경영의 기술인데 우리는 학교에서 지식과 정보만을 잔뜩 갖고 사회에 나오는 것 같습니다. 생태계의 복잡한 상황에 빈번하게 노출되어본 경험이 없는 사람들은 속수무책으로 이러지도 저러지도 못하고 "힘들어", "어려워, 못 하겠어", "내게는 왜 이렇게 고생스러운 일이 많이 일어나는 거야"라며 심지어 운명을 들먹이기도 하고 자기경영 부재의 상황을 돌파하기 위해 점쟁이를 찾기도 합니다. 우스꽝스러운 일이 아닐 수 없어요.

무엇보다 필요한 것은 자기 자신을 효과적으로 개발하고 성장시키기 위하여 자신의 삶을 잘 성찰하고 스스로 개선할 수 있는 상황 분별 실력이 아닐까요.

김 영 휴 의   한 마 디 :
....
엄마와 아내의 덕목과
사회적 직함을 가진 CEO의 효과적인 덕목은 다르다.
....

회식을 강요하는 직장 문화에
눈치가 보인다면

—

잦은 회식을 강요한다고 느끼는 것은 상사와 함께하고 싶은 마음이 없어서는 아닌지 한번 점검해보세요. 내 삶의 중요도 우선순위를 따져보았을 때 내 생존이 중요하고, 내 생존에 있어 조직의 상사와의 관계가 중요하다면 어떤 식으로든 참여의 기회와 시간을 확보하기 위해 노력할 것입니다. 무조건 참여를 해야 한다는 의미라기보다는, 최선을 다하되 다 참여하기 힘든 상황에 대해 솔직하게 이야기하고 협의를 이끌어내면 좋겠다는 뜻입니다.

그러나 '회사에서 내게 강요한다'는 생각에는 상황을 진솔하게 털어놓고 협의를 이끌어내고자 하는 적극성까지는 없어 보입니다. 회사는 불필요한 회식을 왜 할까요? 그 이유에 대하여 깨닫지 못하고 눈치만 보고 있는 건 아닐까요? 혹은 솔직함으로 다가가 이런 문제까지 상사와 이야기할 만큼 상사와의 관계를 자기 삶에서 중요한 존재로 생각하고 있지 않은 것이 원인일 수 있지 않을까요? 아랫사람이 자신의 존재를 중요하게 여기지 않는다는 걸 느끼는 상사는 결코 아랫사람에게 고분고분하게 배려해줄 리가 없을 것입니다. 당신은 상대방이 불합리하며 당신의 사정을 봐주지 않고 애정을 쏟지 않는다고 생각할 수 있지만, 내 삶에서 일어나는 합리적이지 않은 모든 원인은 결국 자신이 유발하는 것이라고 가정해보면 좀 더 쉽게 해결 방향을 찾을 수 있지 않나요? 비록 사실이 아닐지라도 내 에너지를 불필요한 갈등에 소진하지 않기 위해서 말입니다.

내 삶의 자율주행권을 가진 노련한 운전자는 장애물을 스스로 피하고 더 나은 길, 좋은 길도 스스로 만들며 질주합니다.

단단한 얼음을 쪼개는 것은
칼도 작두도 아닌 바늘이다.

일을 하면서 주체적으로 변하는 내 모습에
남편이 적응을 못할 때

―

　남편에게 물어보세요. "행복하고 충만하고 늘 생기 있는 아
내와 살기를 원하는가?" 아니면 "착하고 말 잘 듣고 순종적이지만
행복과 충만감이 떨어지는 침울한 아내를 원하는가?" 하고요. 그리
고 남편에게 대화를 요청해보시면 어떨까요. 남편에게 착한 아내
란, 아내 입장에서는 아내 자신이 아닌 채로 남편에게만 맞추며 살
아가는 사람일 수도 있다고 말입니다.
　반대로 남편 역시 아내에게 '착한 남편으로 살아가야 한다'고 강
요받는다면 어떨지 그 느낌을 공유하고 더 나은 삶을 향한 지지자
가 되어달라고 요청하는 기회로 삼아보세요. 제게도 사업을 하는
과정 중 크고 작은 다툼이 있었고 가능한 한 기여자로 살면서 스스
로 변화를 할 때까지 기다려주는 방법을 선택했으나 지나온 시간

을 돌이켜 볼 때 참 많은 인내와 기다림을 요하는 쟁점인 듯 싶었습니다.

이 문제에 봉착할 때 떠올린 노래가 있습니다. '사랑은 언제나 오래 참고 언제나 온유하며 사랑은 성내지 아니하며'로 이어지는 복음 성가를 떠올리며 '이런 사람들이 오래전부터 많았구나, 나 말고 많은 분들도 그랬구나' 하고 스스로를 위로하며 남편의 변화를 기다린 기억이 스치네요. 가까운 관계인 사람과의 지속적인 갈등이 가장 힘들고 어려웠으며 가장 격렬하게 나 자신과 싸워야 하는 격전지였습니다.

삶에 정답은 없다고 합니다. 모두의 삶은 각자대로 의미가 있고, 각자 나름대로의 옳음으로 살아가는 법입니다. 이 책에 있는 이야기들도 역시 정답은 아닐 수도 있을 것입니다. 그저 제가 경험한 것을 나누며 작은 도움이 되길 바라는 마음으로 나누는 경험담일 뿐이죠. 그래서 저는 그 누구도 틀린 답을 내어놓는다고 생각하지는 않습니다. 많은 사람들이 자신의 삶이 옳으면 그 기준으로 타인의 삶을 바라보기에 타인을 틀렸다고 생각하기 쉬워요. 그래서 부부 간에도 남편과 아내 두 사람의 옳음이 공존하는 삶을 살면서 서로의 다름을 인정할 때 지지가 가능합니다. 그러나 자기중심적 사고에 익숙해진 사람들의 경우 아내는 남편의 기준에 따라야 한다는 권위와 지배의식이 강한 사고를 하며 그런 사고를 하는 유형을 선호하는 사람도 있습니다. 반대로 아내의 경우 남편이 아내의 기준에 따라야 한다는 일방적 사고를 하는 유형도 있을 수 있어요. 물론 이것은 각자의 삶의 가치 기준과 선택의 문제입니다.

하지만 저는 옳고 그름, 좋고 나쁨이 아니라 다양한 사고와 생각을 가진 유형의 사람이 공존하고 존중하는 사이와 관계가 건강한 관계라고 여기기 때문에, 어떤 모습, 어떤 관계도 서로의 옳음을 지지하고 상대를 틀리게 하지 않는 소통이 가능할 때 갈등도 다름도 틀림도 오류도 문제도 줄어들 것이라 생각합니다. 타인에게 피해 주지 않으며 당신이 좋으면 좋은 것입니다.

'Keep Going' 하세요! 쭈욱!

김 영 휴 의   한 마 디 :

뭔가를 하고 싶은 것도 나의 욕구이고 싫은 것도 내면의 내 욕구이다. 싫은 욕구의 원인을 스스로 자기성찰과 분별을 통해 좋아하는 욕구로 돌파해 가면 그 사람이야말로 자신의 가장 비범한 레이서이다.

아이들을 전혀 돌보지 않는
남편 때문에 고민이라면

—

'일하랴 집안일하랴 바쁜데 주말마저 어린 아이들과 놀아
주려니 지친다, 그런데 남편은 관심도 없어 힘들다.' 많은 분들에게
서 듣는 하소연입니다. 저는 '관심이 없는 남편'이라는 부분에 대해
이야기를 좀 하고 싶어요. 부부의 온전하고 합리적이지 않은 마음
으로 아이들의 문제를 해결하려 하는 건 아닐까 싶어요. 이런 경우
불똥이 튀고 속수무책으로 피해를 보는 것은 바로 아이들이거든요.
저는 이런 부분에 대해 무척 마음이 아픈 경험들이 있답니다.

저 역시 사업을 시작하며 남편과의 갈등이 있었습니다. 부부싸움
때문에 냉전기를 거칠 때도 있었고요. 그럴 때면 냉랭한 분위기에
아이들은 늘 좌불안석했어요. 아이들이 그러는 모습을 보는 건 부
모로서 참 마음이 아프잖아요. 그래서 생각했어요. '아이들이 부부
관계의 피해자가 되지 않도록 아이들의 인권 또한 존중해줘야겠구
나.' 저는 아이들에게 협조를 구했습니다. "아들, 딸, 불편하지? 엄
마도 힘들어. 그런데 엄마는 이 문제에 대해 아빠와 투쟁을 해야 할
것 같은데 어떡하지. 그래도 괜찮을까, 이해 좀 구해도 되겠니? 한
달 안 가도록 할게. 1~2주 정도? 혹시 잘 해결이 안 되면 몇 달이
넘어갈 수도 있고. 이해를 좀 구해도 될까?"

부부 관계가 팽팽하게 대립이 되어 있을 때 남편은 제가 아이들과 긴밀한 것조차 불편해하기도 하더군요. 그래서 이런 소통조차 불편해 주차장으로 와서 차 안에서 이야기를 하기도 했습니다. 그리고 아이들에게 먼저 동의를 구할 때면 항상 덧붙여 이야기했습니다. "너희들 때문이 아니야. 정말 미안해. 영향받지 않았으면 해. 엄마 아빠가 좀 더 효율적인 관계와 삶을 위해 이런 갈등과 대립이 있는 것 같아"라고요. 그리고 말했습니다. "한 가지 귀띔해줄 게 있어. 엄마 아빠는 지금 심리 게임을 하고 있어. 불편한 가운데 보고 배울 거리를 선택해서 가져가 주기를 바라. '나는 저러지 말아야겠다' 생각되는 부분은 배우지 말고. 선택적으로 학습하는 기회가 되면 좋겠어."

성인이 된 아이들은 저에게 이야기합니다. 당시 엄마가 하는 이야기가 종종 어렵고 이해되지 않았지만 적어도 엄마, 아빠가 싸우는 것으로 인해 우리의 인격을 모독하거나 기분이 나쁘거나 자기들을 무시한다고 느끼지는 않았다고요. 그것만으로도 충분했다고 말입니다. 어쩌면 그래서 감사하게도 지금의 제 아이들이 평범하지만 자존감 넉넉하게 살아 있는 아이로 자라났는지도 모른다는 생각이 듭니다.

남편이 관심을 두지 않는 상태에서 주부로서 해내야 하는 일들로 힘이 든다면, 할 수 있는 범위 내에서 최선을 다하되 남편의 협력을 이끌어내세요. 쉽지 않겠지만 정면으로 돌파하라고 권해주고 싶어요. 그 과정에서 대립이 생긴다면 제가 했던 것처럼 아이들이 피해자가 되지 않도록 그들로부터도 심리적 소통과 도움을 받으면 어떨까요. 그래도 잘 안 되면 생각을 이렇게 한번 바꿔보라고도 이야기하고 싶어요.

제 남편 역시 제가 일을 하는 것 때문에 양해를 구해야 할 때 매끄럽게 대화가 되는 사람은 아니었습니다. 매끄럽고 멋스러운 남편들도 많지만 다수의 남편들 또한 여성과 아내의 관계지수에 서툰 경우가 생각보다 많다고 느껴졌습니다. 제가 이런저런 이야기를 하면 남편은 "나도 바빠. 나도 힘들어"라고 할 게 뻔했기 때문에 저는 처음부터 생각을 좀 다르게 했습니다. 즉, 아이를 키우는데 일을 덤으로 하는 것이 아니라 '내가 뛰어난 멀티플레이어가 되는 시간이구나' 하고 생각한 것입니다. 그래서 저는 '난 마라톤 선수야. 그런데 기록 갱신을 위해 모래주머니 두 개를 차고 달리고 있어' 하고 생각했어요. 아이들이 늘 어린 채로 머물러 있을 건 아니기에 중학생이 되면 모래주머니 하나를 내려놓고, 또 조금 더 커서 또 하나를 내려놓으면 그땐 날아다닐 수 있겠지, 하는 생각을 했답니다. 그래서 절대 누군가에게 맡기거나 남편에게 무리한 부탁을 가능한 한 하지 않았습니다. 갈등은 내가 해야 할 일을 안 하려고 할 때 일어나는 것임을 잘 알고 있었으니까요.

물론 항상 부족했어요. 나름대로 노력은 했지만 부족해도 최선을 다하니 뭐라고 하지 못했습니다. 그리고 아이들의 아빠로서 엄마가 부재한 시간을 결코 무책임하게 내버려두지는 않았을 테고요. 저 역시 아이들이 누군가에게 의존하기보다 모든 상황을 공감하고 스스로 해야 할 일을 찾아서 할 수 있도록 설명하고 협조를 구했습니다.

무엇보다 갈등을 해결하기 위해 어디까지가 최선인지를 판단하고 노력해보세요. 그 시간은 분명 당신을 멀티플레이어로 단련하고 더 강한 근육을 선물해줄 것입니다. 그리고 남편과의 갈등으로 인해 아이들이 제물이 되게 하지 말고, 대화와 협의를 통해 도저히 감당할 수 없는 부분에 대해 도움을 간곡히 요청해보세요. 부득이 갈등이나 투쟁이 필요하다면 아이들을 존중하며 그들에게 상황을 이해시키는 과정을 가져가면 좋을 것 같습니다. 저의 경우 지금도 이따금 의견 차이는 있지만 그때나 지금이나 마지막 순간에는 손 내밀어주고 일하는 아내에 대한 배려를 잊지 않은 남편에게 고마운 생각이 듭니다. 모두 진정으로 상의한 덕분이었어요.

김 영 휴 의 한 마 디 :

'힘들다' '어렵다' 하는 것들의 리스트를 달리 생각해보면 내가 잘할 수 없는 것이거나 모르는 것이거나 사전 준비가 안 된 것이 대다수이다. 힘들고 어려운 일은 치밀한 사전 준비와 더 앞선 바로미터 전략으로 될 때까지 반복 게임을 하면 금방 쉬운 일이 되어버린다.

일과 가사 문제로
이혼을 말하게 되는 순간에는

—

모든 일을 완벽하게 해내는 사람이 과연 몇이나 될까요? 우리들은 대체 불가의 일과 중요한 일을 구분해 순서대로 최선을 다해 헤쳐나갈 뿐 그 누구도 완벽할 수는 없을 것입니다. 저 역시 한 번도 스스로 완벽하다고 생각해본 적이 없답니다. 이 글을 쓰면서도 늘 '내 말이 꼭 옳지 않을 수 있다'는 점을 늘 생각하거든요.

사람의 삶이라는 게 아무리 완벽하게 산다 할지라도 어떤 입장에서 바라보느냐에 따라 그 삶의 실체가 다르게 보일 수 있습니다. 따라서 내가 내 삶을 살고 타인에게 피해를 주지 않은 범위 내에서 더 나은 삶과 더 좋은 삶을 꿈꾸며 나아가고 있다면 문제될 건 아무것도 없다고 얘기하고 싶어요.

이혼까지 운운하게 되었다면 그러한 남편의 말 속에는 서로에 대한 섭섭함이 먼저 연루되어 있거나 배려가 부족한 데 대한 서운함이 숨어 있는 것은 아닐지 그리고 그로 인한 두려움에 이혼이라는 말을 먼저 꺼내는 건 아닐까 조심스레 생각해봅니다. 따라서 서로에게 필요한 것은 결핍된 관심과 서로를 원하는 마음의 표현은 아닐지 생각해보는 것도 효과적인 방법 중 하나일 수 있겠다 싶습니다.

최선을 다하는데도 지속적으로 문제가 심각해진다면 어떤 결론을 내야 하겠지만, 지금 이 상황에서는 상대의 마음을 들여다보고 서로 간에 놓친 것, 소원한 것을 짚어보고 보충해보는 기회를 가져보면 어떨까요. 남편이 불만을 가지는 것은 각별한 배려와 관심을 가져달라는 요청일 수 있으니까요. 바쁜 스케줄로 인해 관심으로부터 소외된 서운함의 표시는 아닌지 혹은 당신이 관심을 주고 싶지 않아서 갈등이 생기는 건 아닌지 한번 곰곰이 생각해보면 좋겠습니다.

대부분의 갈등은 서로 성장하기 위해 일어나는 에너지의 충돌인 듯 싶습니다. 서로 관심과 무관심의 에너지 충돌이라고 보면서 당신의 자기성장을 반드시 유지하며 남편과의 갈등을 해결해보면 어떨까요. 갈등 관계를 통해 서로의 힘듦이 어디서부터 오는 것인지 생각할 때 '상대 때문이야'라고 해버리면 답은 없을 거예요.

갈등은 상호주의로 푸는 게 이상적이나, 실제로 경험해보니 내 잘못과 상대 잘못을 동시에 언급하며 해결하려 하는 건 효과적이지 않다는 걸 알게 되었습니다. 내 문제만을 언급하고 개선하는 것이 효과적이라는 걸 알게 되었죠. 나도 잘못인데 당신도 고치고 개선해야 하지 않겠냐고 말하면 개선 사항을 함께 고민하기보다 내 잘못, 상대 잘못을 따지느라 감정을 건드리게 되고, 감정이 앞서게 되면 건설적인 대화가 힘들어져 좌절을 겪은 경험이 쌓이다 보니 언젠가부터 오히려 '내가 뭘 빠뜨렸지?' 하고 생각하면서 답을 내게서 쉽게 찾게 되었습니다. 쉽지 않겠지만 남편의 불만을 관심과 기여의 마음으로 들여다보고 조율해보세요. 그러면 이 작은 변화가 커다란 변화를 가져다줄지도 모를 거예요.

김 영 휴 의 한 마 디 :

나쁜 관계는 모두 나와 부딪치는 에너지의 충돌로서 내가 바뀜으로 관계 전환이 쉬워진다.
다만 나의 옳음이 변화를 가로막는 장벽이다.
좋은 관계란 자기 자신과의 좋은 관계에서 비롯한다.

번 돈을 모두 가족을 위해 쓰고 나니 남는 게 없다?

—

　　모든 사람이 돈을 벌고 어딘가에 돈을 쓰지만 시간도, 돈도, 항상 부족합니다. 남은 적이 한 번도 없지요. 중요한 것은 "가장 중요한 곳에 순서대로 썼는가"입니다. 그렇다면 여기서 가장 '중요한 곳'이란 어디일까요?
　　누구에게나 중요도 우선순위가 있을 것입니다. 그 순서대로 돈을 쓰고 나머지에 조금 부족하다면 그걸로 된 것입니다. 더불어 당당하게 이야기해주고 싶습니다. 삶에 있어 '묻지 마 투자 1순위'는 바로 '나 자신'이 되어야 한다는 것을 말입니다! 부동산 투자도 아니고 남편도 아니고 자녀도 아닌, 바로 나 자신의 온전한 성장을 위해 다다익선 사용하라고요!

다만 자기 자신을 위한 투자의 개념이 사람마다 조금 다를 수는 있을 거예요. 얼핏 보기엔 '너무 이기적인 거 아니야?' 하고 생각할 수도 있어요. 내가 누구이며 어떤 사람인지 분별하고 난 후 중요도 우선순위대로 투자를 해간다면 가장 현명하고도 효과적인 킹핀 투자라고 여겨집니다.

많은 분들이 돈을 벌어 가족에게 투자한 후 '나는 어땠냐'고 서러워합니다. 부모에게, 남편에게, 자식에게… 투자하는 것도 물론 중요하지만 그 어떤 것도 당신과 당신의 삶보다 소중할 수는 없어요. 사람은 자신이 취하고 싶은 것을 다 취하고 나면 갈증이 없습니다. 그 갈증이 없어지고 나면 2순위 갈증을 추구합니다. 그다음 중요한 곳 순서로 돈과 에너지를 쓰게 된다면 나머지 좀 부족한 부분에 대한 아쉬움은 있어도 내게 중요한 갈증에 대한 욕구에 투자를 했기 때문에 돈이 남지 않은 것에 대한 후회와 불안감도 많이 줄어들 거예요.

또 한 가지 '돈'에 대해 작은 조언을 덧붙인다면, 아직 다가오지 않은 미래의 내 삶에 대비해 사전 준비를 해두라고 권해주고 싶어요. 사실, 저는 30대에 그런 생각을 했답니다. '남편이 퇴직을 하고 난 후에는 어떻게 하지? 퇴직이 없는 경제 활동은 없을까?' 매달 돈을 타서 쓰며 눈치 보는 불편함도 이유가 되었지만, 남편이 퇴직한 후의 미래를 떠올려보니 아찔한 생각이 들더라고요. 그래서 남편이 현직에 있을 때 미리 경제적 자립을 해둬야겠다는 야심찬 생각이 들었어요. 그리고 퇴직이 없는 직장이어야 하니 창업을 해야겠다고 생각했죠. 내 나이 마흔이 되기 전에 스타트를 해야겠다 마음먹으니 거의 그대로 실행이 되었습니다.

이처럼 아직 다가오지 않은 미래에 대한 사전 준비를 하며 실시간 대처 능력을 길러보라고 권해주고 싶어요. 내면의 막연한 불안은 어쩌면 다가올 미래를 치밀하게 준비하지 않아서일 수도 있거든요. 예습 충분히 하고 간 수업시간은 기다려졌던 경험들 있으시지요? 그리고 선생님이 질문을 해주었으면 좋겠다고 생각하며 적극적으로 수업에 참가한 기억들을 생각해보세요. 미리 충분히 준비한 하루가 얼마나 충만했던가를…. 혹자들은 이야기합니다. 지금이 중요하지 다가오지 않은 미래에 시간을 뺏기지 말라고요. 단호하게 말하고 싶습니다. 미래의 시공간을 탐닉하는 것은 오늘에 더욱 액티브하게 참여하기 위한 전략이라고. 예습을 철저히 하고 수업에 임했던 그 기억을 생각해보세요.

아프기 전에 미리 건강 진단을 한다면 훨씬 더 건강하고 질 높은 삶을 살 수 있습니다. 다가올 미래에 대한 안목과 그에 따른 사전 준비는 미리 철저하게 할수록 더 즐겁게 그 시간들을 맞이할 수 있을 거예요. 당신의 미래를 응원합니다!

모든 시간은 과거에서 현재로 흐른다.

단. 미래를 준비하는 사람의 시간은 미래에서 현재로 흐른다.

미래의 시공간을 창조한 사람은 지금의 옳고 그름에 관대하며 옳고 그름을 확인하는 일에 에너지를 소진하지 않는다.

왜냐하면 그 시간에 가능성을 구현하는 일이 더 효과적이라는 것을 알기 때문이다.

할 일이 많지만
아이들 학교생활에도 신경을 써주고 싶다면

–

사실, 우리 사회는 협조를 구하고 도움을 주는 일에 인색한 면이 있긴 합니다. 일 외에 다른 일로 도움을 요청할 때 마치 능력이 없거나 자기관리를 못 하는 것처럼 보기도 하니까요. 하지만 언제나 통하는 진실 하나! 그건 바로 '진정성'이랍니다. 세상은 나를 위해 준비되어 있지 않습니다. 내가 적극적으로 돌파구를 찾아 나설 때 돌파구가 찾아옵니다.

학교 모임에 나가고 싶고, 학부모들과 소통하고 싶다고 하셨나요? 그렇다면 그 시간을 확보하기 위해 조직에 도움을 요청하세요. 진정성으로, 진심으로 다가간다면 그렇게 어려운 일은 아닐 것입니다. 단, 당신의 일을 대신해주거나 당신의 시간을 벌어주기 위해 도움을 준 사람들에게 진심으로 고마워하고, 그들에게 평생 갚겠다는 마음을 가져보세요. 그런 마음이 있다면 충분히 협조를 끌어낼 수 있을 것입니다.

오래전 일이 떠오릅니다. 제 큰아이가 초등학교 4학년, 둘째가 2학년일 때 창업을 했습니다. 한 번도 해보지 않은 사업 생태계에 뛰어들다 보니 마음이 늘 긴장 상태에 있어 아이들의 학교생활에 관심을 쏟을 여유가 없습니다. 그래서 아이들에게 이렇게 협조를 구하며 소통했습니다.

"얘들아, 있지? 대한민국 모든 자녀들은 학교에 가서 공부를 해. 잘하는 아이도 있고 못하는 아이도 있어. 1등부터 꼴등까지 모든 사람들은 그 서열을 정하기 위해 앞다퉈 경쟁을 하며 살지. 그런데 말이야. 그 서열 다툼에서 혼자 해내는 것과 엄마랑 함께해서 이뤄내는 것 중 무엇이 더 귀하고 값진 것일까? 엄마가 도움을 줘서 얻는 앞선 순위와 앞선 순위는 아니더라도 혼자 스스로 이루어내는 순위 중 어느 것이 더 값진 것일까?"

그랬더니 아이들의 눈이 휘둥그레지더니 다시 끔벅끔벅 저를 쳐다봅니다.

"글쎄, 잘 모르겠는데? 그래도 엄마랑 함께하여 앞선 순위가 좋은 거 아닐까?"

"그렇지, 맞아. 그런데 엄마 생각은 좀 달라. 엄마는 이렇게 생각해. 비록 중간 혹은 꼴등을 하더라도 스스로 성취해내는 게 그 사람의 실력이라고 말이야. 엄마의 도움과 지원을 받아 얻은 서열은 그 사람의 진짜 실력이 아니라고 생각해. 그래서 엄마는 시간이 있어도 학교생활에 관여를 할 수가 없어. 그리고 '우리 아이 잘 부탁한다'라고 선생님을 만나 뵈러 가지 않으려고 해. 그래도 될까?"

그랬더니 아이들은 "엄마 말을 듣고 보니 맞는 것 같아. 알았어. 엄마 학교 오지 마. 안 와도 괜찮아. 그런데 학교에서 엄마 면담하자고 하면 어떡하지?" 했습니다.

"너희가 잘못한 게 없다면 굳이 갈 필요가 없지 않을까? 그리고 엄마 일하러 가서서 안 계신다고 말하면 되지."

"알았어."

이렇게 대화를 나누고 나니 아이들은 정말 학교에서 호출을 해도 "우리 엄마는 학교에 못 와요" 그랬다고 합니다. 너무 당혹스러운 나머지 "엄마 번호 좀 알려주겠니?" 하고 선생님이 물으면 제 번호 대신 아빠 번호를 알려주었다고 합니다. "우리 엄마는 전화를 못

받을 수 있거든요" 하면서요. 그러면 그런 아이를 보던 선생님이 좀 머뭇거리더니 "혹시… 너희 어머니 진짜 맞아?" 하고 물었다고 합니다. 아이들은 "아니요. 저희 엄마예요" 하고 대답했고, 선생님은 "하긴 너랑 많이 닮았더라" 하고 넘어갔습니다. 그날 이후 우리 가족 사이에는 '엄마는 의붓엄마' '아빠는 친아빠'라는 별명이 생기기도 했습니다.

재미있지 않나요? 심지어 고등학생이 되어 대학 진로 상담이 필요한 것 같아 아들에게 "혹시 너희 선생님이 부모님 만나자고 안 하셨니?"라고 물으니 "엄마, 제가 다 알아서 했어요. 안 오셔도 돼요." 하더라고요. "그래도 한 번은 진로를 위해 상담을 해야 하지 않을까" 했더니 "엄마가 학교에 못 오는 친구들은 어떻겠어요, 안 오셔도 돼요." 하는 겁니다. 제가 가르쳐 그리된 것이지만 필요 이상으로 개입을 불허해서 내심 제가 더 섭섭해하는 지경에 이르렀죠. 하지만 나쁘지 않은 시간으로 기억하고 있습니다

수많은 소통과 협력이 필요하지만 자신의 일을 해야만 하는 여성이라면 가짜 엄마를 자처하고 아빠들을 친아빠로 입지하게 하세요. 여성이 일과 가정에서 양립하며 성장해가고자 하는 것은 건강한 삶을 지향하는 당연한 권리이며 자연의 법칙입니다. 온전한 자녀 양육은 여성 혼자 감내해야 하는 일이 아니며 국가 경쟁력의 자원으로서 아빠는 물론 지역사회와 국가가 함께 협력하며 그 의무를 다할 때 가능할 것입니다.

김 영 휴 의   한 마 디 :

판단이 혼란스러운 것은
기준이 불분명한 데서 기인한다.

자녀의 사춘기에
대처하는 방법

—

저에게는 아들과 딸 두 자녀가 있습니다. 18년 동안 사업을
하며 많이 바쁜 통에 함께 시간을 보낼 여력은 당연히 없었습니다.
그리고 멀리 떨어져 보내야 했던 시간도 길었고요. 아마 그들과 함
께 시간을 보내야 했다면 지금의 내가 없을 수도 있다는 생각이 듭
니다.

하지만 아이들과 함께 시간을 못 보낸다고 해서 그들에게 관심이
없거나 다른 부모들보다 아이들을 덜 사랑하는 건 아니었습니다.
우리는 우리 나름대로 관심을 표현하고 사랑을 주고받는 방법을 만
들었어요. 특히 저는 가족 구성원만 글을 올리고 볼 수 있는 카페를
만들어 운영했습니다. 아이들이 보든 안 보든 저는 그곳에 항상 편
지를 썼고, 때때로 아이들이 답장을 쓰거나 새로운 편지를 쓰면 그

것을 몇 번이고 읽으며 댓글을 달고 관심과 사랑을 확인했습니다.

"엄마는 오늘 누구를 만났어. 그 사람과 이야기를 하다 보니 우리 딸,아들 생각이 참 많이 나더라. 우리 아들, 딸은 오늘 어디서 뭘 했니?"

"오늘 엄마는 어디에 가서 이러저러한 것을 보았어. 우리 아들에게 엄마가 보고 느낀 것을 꼭 이야기해주고 싶어서 이렇게 편지를 써."

글을 카페에 올리며 저는 우리가 항상 연결된 존재로 존재한다는 걸 실시간 느끼며 지나왔습니다.

물론, 저와 상황이 다를 수 있지만 반드시 물리적인 시간을 투여해야만 관심을 표현할 수 있다는 생각은 하지 않기를 바랍니다. 대신 가족과의 협의를 통해 어떻게 서로의 성장을 도우며 사랑과 관심을 나눌 수 있을지 이야기해보세요. 분명 가족들이 각자 가진 좋은 방법들이 있을 것입니다.

물론 함께, 같은 공간에서 시간을 보내는 것보다 좋은 건 없을 거예요. 그러나 꼭 그 시간에만 관심을 표현할 수 있는 건 아니라고 생각합니다. 자녀에 대한 엄마의 사랑은 함께하는 시간에 꼭 비례하는 것은 아니더라고요. 이것은 어디까지나 제 생각이지만 같이 있는 시간에 서로 툴툴대거나 갈등으로 대립하는 것보다 적절한 거리에서 서로 아쉽게 지켜보는 것도 관심의 적절한 표현일 수도 있다고 생각이 들었어요. 아이들이 어리니 엄마가 곁에 꼭 붙어 있어야 한다고 생각하는 건 엄마의 불안함에서 비롯된 마음일 수도 있거든요. 아직 어리니 엄마가 밥도 다 차려주고 모든 걸 챙겨줘야 한다고 생각하는 것도 마찬가지고요.

초등학교에 들어간 아이들은 이미 자기 또래 아이들과 사회 활동을 하기 시작한 시기이며 자립적이고 자율적으로 하루의 스케줄을 관리할 수 있습니다. 준비해준 밥 정도는 꺼내 먹을 수 있는 나이이기에 누군가 꼭 붙어서 챙겨주는 것만이 최선이 아닐 수도 있습니다. 제가 그렇게 하지 못해 합리화하는 게 아니냐고요? 그럴 수도, 그렇지 않을 수도 있습니다. 어린 시절, 제 부모님도 밥을 챙겨주지 않았고 그것이 전혀 문제가 되지 않은 채 성장한 기억이 있어요. 우리 아이들 역시 충분히 가능할 것이라 믿었고요. 물론 처음부터 일사천리로 되지는 않았고 우여곡절이 있을 수 있습니다. 하지만 조금 서툴러도 스스로 앞가림해나가는 모습을 보면서 마음이 놓였고, 아이들 역시 금방 익숙해지더라고요. 스스로 하루를 온전하게 보내고 난 날 저녁에는 결과를 떠나서 의기양양하게 하루를 어떻게 보냈노라고 열심히 '지지배배' 이야기하며 "엄마, 나 잘한 거지?" 하고 으스대었고, 그러면 저는 거짓말인지 참말인지는 몰라도 "그럼, 그럼, 너무 잘한 거야" 하고 미소지어주었던 기억이 떠오릅니다.

감동은 눈을 떴을 때보다 감았을 때 더 진하게 보인다.

일에서 받은 스트레스를
나도 모르게 아이들에게 푼다면

–

조금 강한 이야기일 수 있지만, 자신이 힘들다고 다른 사람들까지 힘들게 하며 상황을 지배하는 건 서툰 사람들이 아무렇지 않게 행하는 폭력이고 습관이라고 이야기하고 싶어요. 실은 저의 이야기입니다. 어느 날 깜짝 놀랐습니다. 아마도 자기관리가 잘 되지 않고 존중받지 못한다고 여겨질 때 이런 모습이 나오게 되는 것 같았습니다.

어떻게 이렇게 자세히 알 수 있냐고요? 전업주부 시절에 이런 경험을 밥 먹듯 했거든요. 내가 나로 살지 못하고 스스로 내 삶의 주인으로 주행하지 못할 때 자연스레 나오는 행동들이었습니다. 짜증이 나고 힘이 들었으니까요.

그런 자신을 스스로 발견한 순간부터 저는 그런 심리 상태를 다른 사람에게 표출하지 않으려고 늘 조심하게 되었습니다. 그래서 아이들에게 주기적으로 사과도 하며 정중히 이렇게 말하곤 했습니다.

"엄마 지금 짜증난 거 너네 때문 아니니까 이해 좀 해줄 수 있을까? 사실, 어제부터 엄청 화난 일이 있어서 아직도 그게 잘 풀리지 않았거든. 그러니 내가 좀 화가 나 보이더라도 다른 오해는 하지 않았으면 해." 그래서인지 아이들은 제게 그러더군요. "스무 살을 먹도록 엄마한테 꾸중을 들어도 자존심 상해본 적 없었어요"라고요. 그 부분 너무 감사하게 생각합니다. 자존감 훼손되는 꾸중을 들은 기억이 별로 없다는 말을 들으며 엄마로서 홀로 생각했습니다. '나름 엄마 노릇을 하기는 했구나'라고 생각하며 스스로 나를 꼭 껴안아주는 기분이 들었습니다.

나의 힘듦과 화남으로 상황을 지배하고 상대를 제압하는 일은 소통지능이 낮은 사람들이 써먹는 어설픈 폭력이니 가급적 하지 말라고 권하고 싶습니다. 혹 그런 일이 생겼다면 상황 설명과 함께 사과를 하고, 제가 했던 것처럼 미리 이해를 시키는 것도 방법일 것입니다. 그리고 그 전에 이미 일과 감정을 잘 분별할 수 있도록 단련하라고 이야기해주고 싶습니다. 일과 감정이 섞이면 이야기를 잘 걸러 듣지 못하게 됩니다. 일과 감정을 분리해서 상대의 말을 듣는다면 '이 이야기 속의 핵심은 무엇일까? 중요한 포인트는 무엇일까?'에 대해서 집중을 하게 되고, 그러면 상대의 메시지가 정화되어 들어오기에 삶이 훨씬 정갈해집니다. 즉, 쓸데없는 일에 화나고 감정이 앞서는 일이 줄어들게 됩니다.

불필요하게 편집을 해서 타인의 말을 듣기보다는 긍정적인 관점으로 핵심만 이해하며 듣는 습관을 익히면 관계에 있어 많은 도움이 될 거예요. 그런 방법을 권해 드립니다.

김 영 휴 의 한 마 디 :

즐거움에 겨운 것도 내 모습이고 화내며 반응하는 것도 내 모습이고 이것도 저것도 아닌 '척' 하는 모습도 내 모습이다.

조직의 생산성은 화나고 반응하는 대목에서도 새지만 '척' 하는 대목에서 더 많은 비용과 에너지가 샌다. 불분명한 의사소통은 누구도 책임지지 않아도 되는 무풍지대를 만들어 결국은 늪지대를 만들어내기 때문이다. 이 사실을 깨닫는 데 10여 년이 소요되었다.

오랫동안 해온 업무에 무기력을 느끼지만
새로운 일에 도전할 자신은 없을 때

—

어떤 일을 하든 권태기, 슬럼프는 있습니다. 우선, 이 사실을 인정하면 좋겠습니다. 그리고 이 경우, 한 번쯤 충분한 휴식과 사색의 시간을 가지는 건 어떨까요. 그런 다음 생각해보세요. 이런저런 여러 일들을 하는 게 좋을지 아니면 한 가지 일에 고수가 될지에 대해서 말입니다. 답은 자신의 선택이지만, 우선은 잠시라도 휴식기를 가지는 게 필요해 보입니다.

한 가지 일에 몰입을 하든 여러 가지를 섭렵해내든 모두 내 삶이요, 선택입니다. 다만 에너지가 고갈되었다는 건 재충전이 필요하다는 신호 같아요. 이런 상황에서 하던 일을 지속하기도 힘든데 새로운 일을 시작하는 건 더더욱 어려운 일일 거예요. 그러나 우리에게는 생존에 대한 애착이나 본능이 있기에 일 없이 사는 데 대한 불안과 두려움은 당연히 있을 수 있죠. 이해합니다. 도움이 될까 싶어 제 경험을 한번 적어보려고 해요.

창업이라는 것은 지나고 생각해보니 저의 경우 "황량한 사막에 집을 짓고 살아내는 여정 같다"는 생각이 들기도 합니다. 푸른 초원과 넓은 들판도 있는데 왜 하필이면 사막에 집을 짓고 이런 곳에 삶의 터전을 만들려고 애를 썼을까. 사막에 집짓기가 얼마나 힘든지를 경험하면서 나 자신을 스스로 위로했던 마음은 이렇습니다.

'이렇게 척박한 곳에서 살아남아 보면 초원이나 푸른 들판에서 집을 짓고 사는 것은 식은 죽 먹기겠지? 어차피 한 번의 새로운 집을 지어보는 도전을 하려면 가장 힘든 험지에서 실행함으로써 가장 난도가 높은 생존 경쟁력을 학습해야겠다.' 이렇게 마음먹으니 수

월해진 기분이 들더군요. 제게도 위로가 된 SNS에서 보았던 글 하나를 적어봅니다.

우리는 실시간 선택의 기로에 서 있게 됩니다.
아무 생각 없이 되는 대로 하는 선택, 치열한 고민 끝에 하는
선택 중 하나를 선택하며 삽니다. 둘 다 틀린 것은 없습니다.
허나 쉽게 한 선택은 그 이후 점점 복잡하고 삶이 무거워질 때
속수무책으로 당혹스러웠던 반면 치열하게 한 선택은 차츰 일이
심플하고 명료해지며 삶이 한결 가벼워져 갔던 기억이 있습니다.
저 아닌 다른 분들도 마찬가지일 거예요.

김 영 휴 의   한 마 디 :

같은 방법으로 다른 결과를 기대하는 것은 정신병자다.
-아인슈타인

에너지의 고갈은 채우면 되는 일이다. 새로운 일을 시작하는 동기가 애매
모호해 불분명할 경우 같은 이유로 중지하거나 선회하게 될 확률이 높다.
시작하는 데 신념이 있어야 하는 이유도 같은 이유이다.

슈퍼우먼처럼 잘해오던 나,
치고 올라오는 미혼 후배들에 위기감을 느낀다면

—

슈퍼우먼처럼 가사와 바깥일을 동시에 잘해온 분들 중에는 열심히 일, 가정 양립을 하며 살아왔지만 자신에게만은 효과적으로 투자하지 못한 분들이 종종 있어요.

열심히 하는 건 좋지만, 자기 자신을 지속 성장시키는 투자와 활동은 절대 빼놓아선 안 됩니다. 보통 여성들은 가족을 위한다는 명분으로 너무 쉽게 자신에 대한 투자를 후순위로 미뤄두거든요. 하지만 이건 참 어리석은 일 같아요. 사실, 제 이야기이기도 하고요.

그리고 나보다 나이 어린 실력 있는 여성들이 치고 올라온다는 것은 자연의 법칙이며 생태계 어디에서든 있을 수 있는 현상이기도 하답니다. 지금은 무엇보다 자기 성장에 집중하면서 인생을 펼쳐나가는 시기라는 생각이 드네요. 주부라고 해서 미혼 여성에게 뒤질 이유는 당연히 없습니다. 다만 동시다발적으로 감당해야 할 일이 더 많이 놓여 있을 뿐이지요. 이미 동시다발의 업무 처리를 해본 경험이 많은 '육아맘'의 경우, 같은 상황이라도 업무 해결 능력이 높을 것입니다. 이 말은 동등하게 놓고 경쟁했을 때 더 뛰어난 모습과 잠재성을 발휘할 수 있다는 의미이기도 합니다. 나이를 더 먹었다는 것과 결혼으로 가사와 육아를 겸한 경험이 그녀들과 견주어 바꿀 수 없는 귀한 이력이 될 테니까요.

약점이라고 생각하는 것은 반대의 관점에서 강점이 되기도 한다. 그러므로
약점을 강화하면 확장되는 기회가 되고 강점을 강화하면 성취도가 높아지
는 계기가 된다.

갑자기 전혀 다른 일에 흥미가 생길 때, 모든 걸 포기하고 다시 시작해야 할까?

—

　해오던 일과 전혀 다른 일, 그것도 바로 수익을 발생시키지
못하는 일에 자꾸 생각이 미친다면 자신에게 먼저 질문해보세요.
"나는 수입 없이 평생을 살 수 있을까?" 그리고 분석하세요. 정말
수입이 되게 만들 수는 없는 것인지, 아니면 수입이 되게 만들지 못
하고 있는 것인지 말입니다.
　객관적이고 현실적인 자기성찰을 통한 분별과 분석이 동반되어
야 할 것 같습니다. 만약 수입이 없어도 이 일을 지속하고 싶을 만
큼 이 일을 원한다면, 수입을 동반할 수 있는 방법과 묘안을 만들어

보든지 꼭 그럴 수 없다면 수입을 낼 수 있는 다른 일이 뭔지 찾아보고 겸해보는 건 어떨지요.

그리고 한번 생각해보면 어떨까요? '내가 즐기는 일과 직업을 겸할 경우와 분리할 경우 어떤 상황이 될까?'에 대해서 말입니다. 그래서 일과 직업을 선택할 때 내가 좋아하고 잘하고 즐기는 분야에서 한다면 이런 갈등은 일순간 해결되지 않을까요? 분리될 경우 그만큼 경쟁력이 떨어질 수도 있기 때문입니다. 제 경험상 그랬습니다.

관심 분야의 일과 업이 같을 경우와 다를 경우는 불 보듯 뻔한 일입니다. 상황별 경우의 수를 면밀히 분석한 다음, 수입이 보장되지 않는 일을 수입이 보장될 수 있도록 만드는 계기로 삼아보는 것도 좋을 것 같습니다.

김 영 휴 의 한 마 디 :

잘하는 일과 좋아하는 일은 힘들면 그만한다.
즐기는 일은 힘들어도 수익이 없어도 계속한다.

가정주부로 사는 것도 의미 있는 일인데
꼭 자기 일을 해야 하는 걸까?

—

꼭 해야만 하는 일은 없습니다. 다만 자신의 가능성과 잠재적 능력을 테스트해보고 한계를 향해 끝없는 도전을 해보고자 한다면 창업보다 더한 도전은 없으며 그런 분께 창업의 가치와 의미는 200% 있다 여겨집니다.

힘든 창업이라는 말 속에는 창업이 어렵다, 잘 하지 못한다, 아는게 없다, 할 능력을 미리 갖추지 않았다, 두렵다, 불안하다, 모른다 등등의 이유로 능숙하게 하지 못하거나 내가 능하게 대처하고 게임을 할 수 없는 영역을 힘들다고 느끼는 감정이 담겨 있다고 해석해보면 평생 외면했던 내 삶의 영역을 호기심의 영역으로 바꿔 도전해볼 수도 있지 않을까요?

잘하고 즐기는 영역을 활용하고 성취하는 일은 누구에게나 자연스러운 과정이지만 사실 자기계발의 과정은 잘하지 못하는 일을 회피하고 체념함으로 '척'하는 영역에서 갈등과 오류를 일으켜 힘이 빠지게 만드는 영역이기도 합니다.

이 영역은 소통이 불분명하고 상황에 따라 책임이 있기도, 없기도 하며 옳고 그름과 좋고 나쁨을 분별할 수 없는 속수무책의 상황이 대다수로서 우리는 왜 그런 효과적이지 않은 상황에 처해 있는

지조차도 모르는 채 '힘들다, 어렵다, 불안하다, 모르겠다'를 반복하며 살아가고 있습니다.

열심히 노력하지만 거듭되는 불안과 좌절, 그리고 그 결과가 효과적이지 않으므로 지속되는 문제를 직면하기 시작하면서 그동안 내가 내 삶의 책임을 회피했기 때문에 보고 듣는 오감지능이 작동하지 않았음을 인식할 수 있었습니다. 이런 발견은 창업으로 인해 성취감을 느끼고 성장을 이루어내야 하는 책무를 수행하며 내 삶의 미개척지대를 발견했기에 이를 수 있었던 쾌거였습니다.

김 영 휴 의 한 마 디 :

우리가 일상에서 즐겨 가지 않은 길은 주로 힘듦의 길, 어려움의 길, 고달픔과 외로움의 길, 불안의 길, 좌절의 길, '척'의 길 등등이다. 사실 새로운 나는 힘듦의 길, 어려움의 길, 고달픔과 외로움의 길, 불안의 길, 좌절의 길, '척'의 길 등에서 만나게 된다. 노력해도 효과적이지 않은 일, 나도 모르는 사이에 일어나는 사건 사고는 모르고 있거나, 모르는지조차도 모르는 영역에서 속수무책 일어난다.

간절한 마음으로
한 발을 내딛는 당신에게

–

책 한 권을 완성하는 일은 한 사람이 태어나 어엿한 성인이 되는 일처럼 힘들지만 설레고, 어렵지만 보람된 일이라는 것을 다시 한 번 깨닫습니다. 그러나 무엇보다 이 책을 다 읽고 덮을 때 누군가 한 사람이라도 두려움을 떨쳐버리고 기회를 잡고, 오롯이 자신의 행복을 위해 달려가겠다고 다짐하는 사람이 있다면 저는 충분히 행복할 것입니다. 이 책은 그렇게 닫힌 마음을 열고, 외면했던 자신을 들여다보고, 간절한 마음으로 시작의 한 발을 내딛을 수 있도록 하기 위해 쓰였기 때문입니다.

저는 저희 회사가 누군가에게 헤어웨어로 꿈이 커지는 꿈터로서 인간의 새로운 의생활을 탄생시킨 '전설의 기업이 되는 꿈'이 이루어지면 좋겠다는 바람으로 지금도 달려가고 있습니다. 그래서 책을 보고, 공부를 하는 시간만큼이나 '미래의 시나리오'를 가능하게 상상하는 일에 많은 시간을 쏟게 됩니다. 상상하는 대로 꿈을 꾸는 대로 이루어지는 마법을 알아가고 있기 때문입니다.

당신은 어떤 상상을 하고 계신가요? 혹시 부정적인 시나리오, 실패했을 때의 그림을 그리고 있진 않은가요? 만약 우리 머릿속에 그리는 대로 현실이 펼쳐진다면 당신은 어떤 시나리오를 그리고 싶으신가요? 정답은 너무 쉽지만 막상 그것을 실행으로 옮기는 건 어려운가요? 하지만 단언컨대 당신의 머릿속에 그리는 그 생각이, 미래를 향해 그리는 그 시나리오가 바로 당신을 그 삶으로 이끌 것입니다. 무에서 유를 창조하는 것도, 실패를 성공의 과정으로 이끄는 것도, 좌절을 기회로 바꾸는 것도, 걸림돌을 디딤돌로 바꾸는 것도… 모두 당신의 생각에서 비롯된다는 걸 반드시 믿기를.

혼자 빨리 성공하는 것보다 함께 동반 성장하는 과정이 이토록 즐겁다는 사실을 매일 느끼게 됩니다. 책을 완성하기까지 이 글의 소재가 되어주고 묵묵하게 기다리며 도움 준 가족과 질문 취합에 기여해준 이정민 대표, 항상 서로의 성장과 발전에 기여하고 헌신하는 우리 '씨크릿우먼' 식구들에게 감사의 말을 전합니다.

*이 책은 창업을 꿈꾸는, 또 창업 후 열심히 달리고 있는 여성분들이 김영휴 대표에게 직접 던진 질문을 바탕으로 만들어졌습니다. 2~4부에 싣지 못한, 저자로부터 생생한 경험담과 묵직한 조언을 이끌어낸 질문들을 소개합니다(책에 실린 내용 순서대로 관련 질문을 싣습니다).

Part 2. 두려워하는 예비 사장을 위해
창업을 준비하는 사람들이 가장 궁금해하는 질문들

Chapter 1. 나도 할 수 있을까?
당신이 성공한 여성 CEO가 될 수밖에 없는 이유

Q. 아직 가보지 않은 길이기에 고민이 됩니다. 취업과 창업 중 하나를 선택하는 기준은 무엇이 되어야 할까요?

Q. 창업이라는 것은 "이거다!" 싶은 아이템을 있은 후에 해야 하는지, 창업을 하겠다고 마음을 먹고 난 후 아이템을 찾아야 하는 것인지 궁금합니다.

Q. 어느 날 나의 특기와 잘 맞는 좋은 아이템이 떠올랐습니다. 이거라면 꾸준히 할 수 있을 것 같고 잘 될 것 같은데, 가보지 않은 길이니 결과는 알 수 없습니다. 결과에 대한 막연한 두려움은 어떻게 극복해야 할까요?

Q. 미래의 인류에게 꼭 필요하다 여겨지는 분야이지만, 현재 트렌드는 그렇지 못합니다. 이

런 상황에서 이 사업을 시작하는 게 맞을까요?

Q. 제가 생각하고 있는 아이템이 가능성이 있는지에 대한 점검을 좀 해보고 싶습니다. 물론 누구도 그 미래를 알 수 없겠지만, 적어도 분야의 전문가는 있을 거라 생각합니다. 누구를 찾아가 어떻게 자문을 구하면 좋을까요?

Q. 창업을 앞두고 있습니다. 아이템을 보는 눈은 있지만 그것을 파는 방법에는 전혀 소질이 없습니다. 전문가를 고용하자니 돈이 너무 많이 듭니다. 이런 제가 창업을 해도 될까요? 결국 파는 힘이 없으면 사업이 안 되는 게 아닐까요? 그래도 창업을 하고 싶다면, 파는 힘 즉 영업력은 어떻게 보완할 수 있을까요?

Q. 제가 하려고 하는 창업 아이템은 '핫하다'는 게 가장 큰 이유입니다. 다들 이런 걸 '치고 빠지는' 사업이라고 하던데, 이런 식으로 계속 아이템을 바꿔 가며 사업을 진행해도 괜찮을까요? 돈은 벌 수 있겠지만 브랜딩을 한다거나 가치 있는 기업을 일구는 것과는 거리가 멀어 보여서요.

Q. 저는 유복한 가정에서 부모님의 보호를 받으며 자랐습니다. 부모님은 제가 제때 시집을 잘 가서 주부로 평범하게 살기를 원하십니다. 힘든 일을 해본 적이 없기에 불안하지만 창업에 자꾸 미련이 남습니다. 저는 어떤 선택을 해야 할까요? 두 가지를 다 가져갈 수도 있을까요?

Q. 내가 좋아하는 일, 내가 잘하는 일을 즐기는 일을 찾는 가장 확실한 방법은 무엇일까요?

Q. 저는 내향적이고 소심한 성격이지만 사업을 해보고 싶습니다. 이런 제 성격에서 어떤 면을 보완하면 좋을까요? 그리고 이런 것들을 보완한다면 꼭 외향적이지 않더라도 리더로서의 자질을 갖출 수 있을까요?

Q. 저는 직장생활을 10년이나 했지만 사람들과는 그리 잘 어울리지 못했습니다. 왕따는 아니지만 혼자인 게 더 편했고, 사람들도 저를 꺼렸습니다. 이런 제가 창업을 해도 될까요? 사람들과의 관계를 어떻게 극복할 수 있을까요?

Q. 저는 특별한 감각을 가지고 있고, 주변에서 이 감각으로 사업을 해보라고 합니다. 하지만 혼자서 하는 일은 잘하지만 여러 사람과 함께하는 건 경험이 부족하고 두렵습니다. 어떻게 해야 할까요?

Q. 저는 굉장히 우유부단한 면을 가지고 있습니다. 그래서 사람들과 잘 지내기도 하지만

거절을 하거나 남에게 싫은 소리를 잘 못합니다. 요즘 창업에 대해 진지하게 고민 중인데, 이런 성격은 실패할 가능성이 높다고 해서 걱정이 됩니다.

Q. 창업은 하고 싶지만 인맥이 매우 부족합니다. 집과 일터만 오갔기 때문에 그런데요. 이런 상태에서 창업을 하게 되면 우물 안 개구리가 되거나 사업을 진행해나가기가 힘들지 않을까요? 어떻게 극복하면 좋을까요?

Q. 어느새 마흔 살이 넘었습니다. 창업을 목표로 20년 동안 자금을 모았고 2년 동안 성실하게 계획과 목표를 세워보았습니다. 이제 실행을 해야 하는데 20년 동안 쌓은 것을 모두 잃을까 봐 두려움이 너무 큽니다. 다 잃게 된다면 그땐 어떻게 해야 할까요?

Q. 저는 술을 아예 못하는데, 비즈니스는 술을 빼놓고 할 수 없다는 말들 때문에 벌써 스트레스를 받습니다. 창업을 하면 이 부분을 어떻게 헤쳐 나가야 할까요?

Q. 제가 하려는 창업은 전공과 전혀 무관합니다. 하다 보면 정보나 지식이 부족할 수 있을 것 같은데 공부를 하면서 사업을 운영하는 게 가능할까요?

Q. 창업을 한다고 하니 주변에서 사람들이 너도나도 조금씩 투자를 해서 같이 회사를 만들어보자고 합니다. 돈이 부족해도 혼자서 시작하려고 했는데, 제안을 받고 보니 조금씩 흔들립니다. 아무래도 자본이 넉넉하면 좀 더 빨리 갈 수 있을 테니까요. 어떻게 하면 좋을까요?

Q. 저는 체력이 무척 약한 편입니다. 창업을 하면 남자들과 경쟁해야 할 텐데 이 부분이 정말 걱정입니다. 운동을 하고 체력을 키우는 건 다 해봤지만 역시 한계가 있습니다. 이런 부분은 어떻게 극복하는 게 좋을까요? 주변에서 다들 창업을 말리네요.

Q. 저는 일을 놀이처럼 즐긴다는 소리를 자주 듣습니다. 창업을 할 때가 되어서 생각해보니 자금에 대한 생각이나 결과에 대한 책임이 없어서 일 자체를 즐길 수 있지 않았나 싶습니다. 대표가 되면 '일=돈'이 될 것만 같아서 두렵습니다. 차라리 그냥 회사에 몸담고 직장생활을 하는 게 저에게 더 맞을까요? 아니면 사업을 하면서도 일을 즐기려면 어떻게 해야 할까요?

Q. 저는 멘탈이 약한 편입니다. 같은 일을 해도 남보다 빨리 지치고 빨리 포기하는 편입니다. 에너지가 계속 샘솟는 사람들을 보면 신기하기만 합니다. 매일 반복되는 업무 속에 지치지 않고 일하려면 어떻게 에너지를 충전해야 할까요?

Q. 사업을 시작해서 적극적으로 매달려보고 싶은데, 가정에서 엄마, 아내로서 해야 할 수많은 일들과 충돌할 게 불 보듯 뻔합니다. 어떻게 결단해야 할까요?

Q. 두 아이를 낳아 키우고 있는데, 결혼 전 열심히 일을 했던 터라 지금 우울증이 매우 극심합니다. 경험을 바탕으로 작은 가게를 열고 싶은데 지금은 우울증을 극복하는 게 우선일 것 같아요. 무엇부터 시작을 하면 좋을까요?

Q. 저는 아직 미혼인데, 일에 대한 욕심이 매우 많습니다. 그래서 재능을 살려 창업을 꼭 하고 싶은데 남자친구가 이를 매우 반대하고 있고 창업을 준비하는 과정에서 몇 번이고 트러블이 있어 아직 시작을 못했습니다. 오랫동안 교제한 관계인데 이 관계를 끊고서라도 창업을 해야 하는 걸까요? 아니라면 어떻게 설득을 해야 할까요? 무리하게 창업을 한다면 제 성격상 업무에 영향을 많이 받을 것 같습니다.

Q. 남편의 부모님이 아프셔서 제가 자주 돌봐드리고 있는 상황입니다. 내년에는 꼭 준비해오던 사업을 시작하고 싶은데 그러려면 다른 사람에게 부모님을 맡길 수밖에 없습니다. 제가 이기적인 걸까요?

Q. 저는 가방끈도 짧고 모든 면에서 매우 지식이 부족합니다만, 창업을 해서 제 생각들을 펼쳐보고 싶습니다. 그렇다고 지금부터 공부를 할 수는 없고 아무런 지식도 없이 창업했다가는 실패할 가능성도 높다고 합니다. 이럴 때는 어떻게 시작을 해야 할까요?

Q. 직장생활을 하면서 책임감이 없는 여성을 많이 봤습니다. 그래서 여자직원을 채용하기가 두렵습니다. 같은 여자이면서 이런 마음이 드는 게 괴롭습니다. 제 인식이 잘못된 걸까요?

Q. 저는 직장에서 오랫동안 팀장으로서 팀원들을 관리해왔습니다. 창업을 하려고 하는데 관리자와 경영자는 엄연히 다른 것 같습니다. 가장 큰 차이점은 무엇이고, 그 이유는 무엇일까요? 그리고 그 차이점에 따라 경영자로서 더 보완해야 할 덕목들은 어떤 게 있을까요?

Q. 저는 기질검사에서 '사업가형'이 아닌 '지도자형'으로 나왔습니다. 사업가와 지도자는 모두 리더십을 갖춰야 한다고 생각합니다. 그러나 또한 둘은 매우 다른데요. 어떤 점이 가장 큰 차이일까요? 지도자형이 사업을 하기 위해 갖춰야 할 것은 무엇일까요?

Chapter 2. 문제가 생기면 어떻게 하지?

모든 문제의 답은 내 안에 있다

Q. 창업을 하고 난 후 탄탄대로를 걸을 가능성은 매우 희박하다고 봅니다. 분명 갈등과 어려움이 닥칠 텐데요. 어떤 목표를 세우고 가야 흔들리지 않을까요.

Q. 막상 창업을 하고 보니 제가 계획했던 것과 전혀 다른 상황들이 펼쳐집니다. 이미 수습하기에도 늦었는데 방향을 틀어야 하는지 접어야 하는지 아니면 이대로 밀고 나가야 하는지 잘 모르겠습니다.

Q. 일을 '즐기는' 사람이 '잘하는' 사람보다 성공한다고 합니다. 대표님은 일을 즐기시는 것 같은데 비결이 무엇일까요?

Q. 창업을 하면 회사가 안정기에 접어들 때까지는 눈코 뜰 새 없이 바쁠 테고, 그 시간이 길어질 수도 있을 것입니다. 그럼에도 꼭 놓치지 말아야 할 시간 혹은 자기계발이 있다면 무엇일까요?

Q. 아이를 셋이나 키우고 있지만 창업의 꿈을 포기하지 못해 결국 실행에 옮겨보려고 합니다. 저는 직원들과 좀 더 긴밀하게 소통하고 싶어 함께 시간을 많이 보내고 싶고 하루 이상 소요되는 워크숍도 가지고 싶은데 그렇게 되면 가족의 눈치를 너무 보게 될 것 같습니다. 어떻게 해야 할까요?

Q. 저는 의견대립에 매우 약합니다. 제 주장이 안 받아들여지면 바로 포기하게 되는데요. 의견대립도 소통의 한 부분이라고 생각하고, 리더의 중요한 자질이라 여겨집니다. 여기에 대한 대표님의 경험을 듣고 싶습니다.

Q. 저는 사람을 잘 못 믿는 사람입니다. 그래서 회사에 다닐 때도 권한 위임을 제대로 하지 못하고 야근까지 하며 제 손으로 다 처리하곤 했습니다. 이런 제가 창업을 한다면 어떤 변화가 필요할까요? 제가 편하게 권한을 위임하려면 어떤 마음을 가지면 좋을까요?

Q. 저는 창업에 한 번 실패를 해본 사람입니다. 그때는 사업에 소질이 없다고 생각하고 빨리 결론을 내렸지만, 아직 미련이 많이 남습니다. 한 번 큰 실패를 했는데도 다시 사업을

해도 될까요?

Q. 40대가 넘어 창업을 한다고 하면 친구들이 응원을 할 줄 알았는데 오히려 언짢은 기색입니다. 친구들은 모두 육아와 가사에 찌들어 상대적 박탈감을 느끼는 것 같습니다. 친구들과의 관계를 어떻게 극복해야 할까요.

Q. 저는 감정 기복이 좀 심한 편입니다. 사업을 하면 늘 이성적이어야 하고, 중립적이어야 하고, 객관적이고 합리적이어야 한다고 합니다. 마인드를 컨트롤할 수 있는 좋은 방법이 있을까요?

Q. 저는 '인간적인 CEO'가 되고 싶습니다. 여성으로서 과하지 않게, 따뜻함을 잃지 않는 대표가 되려면 어떤 것을 준비해야 할까요?

Chapter 3. 실패를 줄이고 성공을 앞당기기 위해 무엇을 준비할까?
철저한 사전 준비와 상상으로 반전 시나리오 쓰기

Q. 결국 창업은 돈에 대한 이야기를 빼놓고 할 수 없을 것 같은데요. 최소한의 자본으로 시작한다고 했을 때 '이것만은 꼭 있어야 한다'는 건 무엇일까요? 사람? 사무실? 그리고? 그런 것도 다 필요 없다면 혼자서 어떻게 대안을 찾아나갈 수 있을까요?

Q. 그리고 그 준비 기간 동안 가장 우선순위를 두고 해야 하며, 가장 많은 시간을 두고 해야 할 것은 무엇일까요?

Q. 사업을 시작할 때는 '비전'이라는 것을 꼭 세우라고들 합니다. 그런데 비전에 대한 개념도 잘 모르겠고 어떻게 세워야 할지도 모르겠습니다. 설명 좀 해주세요.

Q. 사업을 하면 '매출목표'라는 걸 반드시 세워야 하는 건가요? 지금으로선 도저히 감이 잡히지 않는데, 그래도 목표를 세우고 창업을 해야 하는 걸까요? 그렇다면 매출목표는 무엇을 기준으로 어떻게 세우는 게 좋을까요? 높은 목표를 세우면 그만큼 그 목표에 가기가 쉬울까요? 아니면 지극히 현실적인 목표를 세우는 게 나을까요?

Q. 아이템과 브랜드는 엄연히 다르다고 생각합니다. 아이템을 브랜드화하기 위해 가져야 할 기본적인 생각은 무엇일까요? 헤어웨어를 여성의 패션 브랜드로 만든 대표님의 경험담을 바탕으로 듣고 싶습니다.

Q. 창업을 하려고 보니 '경영'에 대한 지식이 너무 없다고 판단이 듭니다. 경영수업을 따로 받지도 못했고 전공도 아닌데 어떻게 공부를 하는 게 좋을까요? 바쁜 가운데 경영과 관련된 지식과 정보를 체득할 가장 좋은 방법은 무엇일까요?

Q. 이론과 실제는 정말 많이 다릅니다. 그럼에도 이론은 중요하다고 여겨지는데요. 창업을 한 이후에도 리더십과 경영에 대한 공부는 계속해야 하는 걸까요?

Q. 저 자신뿐 아니라 직원들의 수준 또한 함께 끌어올리고 성장하는 기업으로 만들어나가고 싶습니다. 창업을 하게 된다면 내부적으로 어떤 소통과 교육의 장을 마련하는 것이 좋을까요?

Q. 회사의 비전과 개인의 비전이 함께 가는 것이 회사가 성공하는 지름길이라는 말을 들었습니다. 창업과 동시에 직원들과 함께 공동 비전을 가져가려면 어떤 방법이 필요한가요?

Q. 저는 일하는 여성 한 사람 한 사람이 모두 여성 CEO라고 느끼게 해주고 싶습니다. 직원들의 주체의식을 키워줄 수 있는 방법에는 어떤 것이 있을까요?

Q. 창업을 하면서 최소 5명 이상의 직원을 채용해야 하는 상황입니다. 사람을 뽑을 때 가장 중요한 기준은 무엇일까요? 세 가지만 말씀해주세요.

Q. 저는 사람을 보는 눈이 별로 없습니다. 그래서 잘 속고 무작정 믿기 마련인데, 비즈니스를 하면 상대를 읽는 기술이 필요하다고 합니다. 이런 건 어떻게 갖출 수 있을까요?

Q. 저는 창업을 하고 안정이 되면 반드시 사회에 기여하는 기업으로 성장시키고 싶습니다. 그 시기는 언제쯤이 좋고, 어떻게 시작하면 좋을까요?

Q. 기업을 운영하시면서 '이것만은 절대 하면 안 된다!'고 생각하신 게 무엇이었습니까? 창업 전에 철칙을 세워놓고 지켜보고 싶습니다. 실패를 줄일 수 있는 '금기 사항'을 알려주세요.

Part 3. 이미 성공을 향해 달려가고 있는 여성 CEO를 위해

여성 CEO라면 반드시 던지게 될 질문들

Chapter 1. **지금 내가 잘하고 있는 걸까?**

앞으로 우리는 무엇에 투자해야 하는가

Q. 저는 CEO입니다 유능한 남성 한 분을 임원으로 해서 회사를 꾸리려고 하는데, 주변에서 모두 이쪽 분야는 남성들이 비즈니스를 하니 그분을 대표로 세우고 저는 뒤에 서라고 합니다. 하지만 저는 그러고 싶지가 않습니다. 이런 저를 보고 욕심이라고 하는데 어떻게 해야 할까요?

Q. 거래와 관련해 약속을 잡고 미팅에 나가면 프로페셔널해 보이지 않은 여성이 나온 것에 놀라며 반감을 가지는 걸 느낄 때가 있습니다. 이러한 시선과 선입견을 자연스럽게 벗기고 프로페셔널하게 미팅을 이끌어가는 방법이 있을까요?

Q. 똑같은 실수, 똑같은 실패를 해도 "여자 사장이라서 그렇다"는 말을 듣게 됩니다. 이러한 선입견이 사라지려면 앞으로도 좀 더 많은 시간이 필요해 보입니다. 그렇다면 저는 어떤 생각으로 지혜롭게 그런 말들을 극복할 수 있을까요?

Q. 결혼을 한 후 줄곧 창업에 대해 계획만 세우다 성공적인 출발을 했습니다. 그런데 남편과 시댁에서는 빨리 아이를 낳기를 원합니다. 아이를 가지게 되면 포기해야 할 게 너무 많습니다. 어떻게 해야 할까요?

Q. 창업을 하고 보니 일에 몰두하는 에너지와 시간이 많아져서 그 외의 것들에 소홀하게 되는 경향이 있습니다. 그 미안한 감정을, 대표님은 어떻게 극복하셨나요?

Q. 사업을 하면서 남편과 사이가 많이 멀어졌습니다. 일중독이라는 말까지 듣고 있습니다. 저는 결혼에 실패하고 싶지도 않고, 사업도 접고 싶지 않습니다. 이럴 때 어떻게 해야 할까요?

Q. 저는 결국 일 때문에 가족들과 떨어져 지내게 되었습니다. 아직도 잘한 것인지 후회가 됩니다. 이제는 정말 일에만 올인할 수 있게 되었지만, 사업에 실패하게 되면 모든 걸 잃은 절망감에 빠지지 않을까 걱정도 됩니다. 마음을 어떻게 다잡아야 할까요?

Q. 주중에는 일에 몰두하다 주말이면 좀 쉬고 싶은데, 주말에는 집안일로 녹초가 됩니다. 여성 사업가의 경우 주말을 어떻게 보내는 것이 가장 효율적일까요?

Q. 일을 하다 보니 결혼은 이미 먼 이야기가 되었습니다. 결혼과 사업은 정말 조화가 힘든 걸까요? 대표님의 경험을 토대로 조언을 듣고 싶습니다.

Q. 부모님이 하시던 사업을 여자인 제가 물려받아서 하고 있습니다. 지금까지 잘 일구어온 것을 제가 망치면 어쩌나 늘 마음이 조급하고 불안합니다. 이 마음을 떨칠 방법이 없을까요.

Chapter 2. 점점 더 성장하는 기업을 만들기 위해서 어떻게 해야 할까?
상상을 즐기고 생각을 현실로 옮기는 가장 쉬운 방법

Q. 저는 몽상가입니다. 그러한 저의 엉뚱한 상상력이 저를 여기까지 오게 했다고 생각합니다. 그런데 현실의 벽에 부딪히니 그런 초심과 저의 장점이 점점 사라집니다. 대표님은 본연의 장점을 희석하지 않으며 사업을 해나가는 방법이 뭐라고 생각하시나요?

Q. 다들 경제가 힘들다고 합니다. 한 해 한 해 수익 내기가 어렵습니다. 동종 업계 많은 사

람들이 문을 닫으며 빨리 정리하는 게 답이라고 합니다. 어떻게 해야 할까요?

Q. 사업을 더 끌고 가기에는 적자의 폭이 점점 커질 것 같지만, 현재까지 투자한 돈과 시간이 너무 아깝습니다. 어떻게 판단을 해야 옳은 방향일까요?

Q. 회사의 재정이 매우 힘든 상황입니다. 사업을 접을 수 없는 상황일 때, 사람들은 가장 먼저 인건비를 줄이라고 합니다. 하지만 사람을 쳐낸다면 그만큼 진행할 수 있는 일의 양도 줄어듭니다. 진퇴양난의 상황, 어떻게 해야 할까요?

Q. 꽤 긴 시간, 사업을 운영해왔습니다. 조금만 더 가면 될 것 같은데, 이제 투자할 자금이 바닥났습니다. 가족들과 살고 있는 집 한 채가 전부인데 이거라도 전부 걸고 앞으로 나아가야 할까요? 아니면 포기하고 가족을 지켜야 할까요?

Q. 창업을 하면서 경비를 아끼기 위해 모든 것을 최소화했습니다. 그러다 보니 대표인데도 실무를 봐야 할 게 너무 많습니다. 새로운 생각과 기획을 하는 데 시간을 쏟아야 하는데 그럴 여유가 없습니다. 이렇게 가는 게 맞을까요?

Q. 막상 창업을 하고 보니 할 일이 너무 많습니다. 외부적으로 사람도 만나야 하고, 내부적으로 회의도 해야 하고, 실무 점검도 해야 하고, 매출 관리도 해야 합니다. 우선순위를 어떻게 두어야 하며 과부하가 걸릴 때는 어떻게 해야 할까요?

Q. 대표도 사람이잖아요. 마치 성인군자가 되어야 한다고 느낄 때가 많습니다. 사람에 대한 분노가 특히 그런데요. 어떻게 해소하면 좋을까요? 소리라도 질러야 할까요?

Q. 저는 대표란 희생을 해야 하는 자리라고 생각하며 직원을 최우선으로 여기며 왔습니다. 그런데 때때로 피해의식을 느끼기도 하고 배신감이 들기도 합니다. 제가 어떤 자질을 더 갖추면 좋을까요? 그러나 또 제 자신이 행복하지 않으면 사업도 의미가 없다고 생각합니다. 이 모든 걸 뛰어넘고 제 자신의 행복과 직원들의 행복을 공통적으로 가져갈 방법은 없는 걸까요?

Q. 독서토론, 다양한 교육 등 회사 내에 다양한 소통과 교육 프로그램을 만들고 운영 중입니다. 그러나 이런 것들 때문에 실무 시간이 부족하다고 아우성입니다. 직원들의 성장과 발전을 위해 꼭 가져가고 싶은데 어떻게 해야 할까요?

Q. 저는 불도저 같은 성격을 가진 사람입니다. 그래서 어떤 일을 시작하면 제 경험과 주관

으로 밀어붙입니다. 사업은 카리스마도 필요하지만 사람들과의 조화도 중요하다고들 합니다. 하지만 대표가 주관이 확실하지 않다면 오히려 방향이 흔들리지 않을까요? 독단적으로 나가면 고집이 세다는 소리를 듣게 될 것 같고, 여러 사람의 말에 귀를 기울이다 보면 기준이 무너질 것 같습니다. 이럴 때는 어떻게 해야 할까요?

Q. 단 한 명의 직원을 데리고 막 사업을 시작했습니다. 적은 월급에 굳은 일까지 마다 않지만 주관이 너무 강해 사사건건 모든 일을 주도하려고 합니다. 점점 스트레스를 받기 시작했지만 그런 직원을 또 구하기는 힘들 것 같습니다. 어떻게 풀어나가야 할까요?

Q. 10명이 안 되는 직원을 둔 작은 회사입니다. 항상 실무에 쫓기고 회의가 많다 보니 직원들이 업무 관련된 것을 문서화하는 것이나, 흔히 대기업에서 하는 체계적인 보고 시스템에 많이 힘들어 합니다. 그러나 저는 대기업 출신이라 그런 것이 중요하다고 생각이 드는데, 어떻게 해야 할까요?

Q. 연차가 오래 되었고 성실하나 업무능력이 떨어지고, 들어온 지 얼마 되지 않았지만 뛰어난 직원이 있습니다. 차등 대우를 하자니 매몰차게 느껴지고, 그냥 두면 신입직원의 열정이 사그라들 것 같습니다. 이럴 땐 어떻게 하는 게 좋을까요?

Q. 적당한 회식과 소통의 자리가 필요한데, 요즘 젊은 사람들은 칼퇴근을 고집합니다. 어떻게 소통의 장을 열면 좋을까요?

Q. 저도 모르는 사이 왕따가 된 것인지, 직원들이 저와 소통을 하지 않으려고 합니다. 어디서부터 잘못되었는지 모르겠지만 더 골이 깊기 전에 풀고 싶습니다. 어떻게 다가서야 할까요?

Q. 저는 원래 성격이 섬세해서 직원들 개개인에게도 관심이 많고 잘 챙깁니다. 그러나 때때로 그게 독이 될 때가 있습니다. 직원들과의 거리는 어느 정도가 되어야 적당한 온도일까요?

Q. 제가 너무 일을 열심히 하며 달려가니 직원들의 성장이 오히려 더딘 분위기입니다. 하지만 사장이 속도를 멈추기에도 사업 초창기라 겁이 납니다. 어떻게 조화를 이루면 좋을까요?

Q. 저는 사업이라는 게 뭔지도 모르고 얼떨결에 장사를 시작했습니다. 그런데 순식간에 매

출이 늘면서 사업이 커지는 단계가 되었습니다. 아무런 시스템도 없는 지금 상황이 덜컥 겁이 납니다. 무엇부터 어떻게 준비를 해나가야 할까요?

Q. 평소 언니, 동생, 오빠, 하던 사이들과 사업을 시작했습니다. 그들은 모두 저를 도와 직원이 되었고 함께 일을 하고 있습니다. 그런데 업무적으로 처리해야 할 일이나 소통에 있어 기존의 관계 때문에 애매할 때가 있습니다. 호칭이나 복지 등에 있어서도 과한 관용이 필요할 때가 있습니다. 새로운 직원이 들어오면 분명 차별한다고 느낄 수도 있을 테고, 텃세라고 생각할 수도 있을 것 같습니다. 하지만 그들과 함께 시작해서 갑자기 내보낼 수도 없습니다. 어떻게 재정비를 해야 할까요.

Part 4. 그리고, 일터에 있는 모든 여성들을 위해
일하는 여성 모두가 고민할 수밖에 없는 질문들

Q. 직속 상사의 불합리함을 지속적으로 느낄 때, 어떤 식으로 해결하는 것이 지혜로울까요?

Q. 상사는 계속해서 제 아이디어를 자기 것인 양 상부에 보고합니다. 이런 경우 어떻게 해야 할까요?

Q. 상사가 강압적인 스타일이라 더 나은 의견이 있어도 제안하기가 힘듭니다. 이런 상사와 원활하게 의견을 주고받는 방법은 없을까요?

Q. 우리 회사는 휴일에도 직원들이 함께 모여서 여러 행사도 같이 하고 시간을 보내기를 원합니다. 그러나 저는 주중에 일을 하는 대신 주말에는 빼도 박도 못하고 가족행사와 아이들 돌보기를 해야 합니다. 어떻게 이 난관을 해결해야 할까요?

Q. 또한 위에서는 잦은 회식을 강요하지만 가사와 육아로 참여가 힘들 때가 많습니다. 일 찍 빠져나오면 눈치가 보이고 회사생활에 소극적으로 보여 속이 상합니다. 어떻게 해야 할까요?

Q. 순응적이었던 제가 일을 하고 나서 변했다는 소리를 많이 들었습니다. 이런 저를 남편 은 많이 걱정하는 눈치입니다. 하지만 저는 주관적이고 주체적으로 변하는 제가 좋습니 다. 남편을 어떻게 적응시킬 수 있을까요?

Q. 주중에 업무 때문에 물리적으로 너무 지치는데, 주말이면 아이들이 함께 놀아주기를 원 합니다. 남편은 관심도 없고요. 어떻게 해야 할까요?

Q. 일 때문에 살림에 대한 완성도가 떨어지다 보니, 남편이 다른 집과 비교를 하며 이혼까 지 운운하게 되었습니다. 꽤 심각한 상황까지 왔지만 일을 관둘 수도 없고 저는 완벽 하게 해낼 자신이 없습니다. 어쩌면 좋을까요?

Q. 10년 넘게 회사생활을 했지만 버는 족족 가족들을 위해 쓰고 나니 남는 게 없습니다. 미 래를 위한 투자는 어떻게 해야 할까요? 앞으로 또 10년을 이렇게 보낼 생각을 하니 막 막합니다.

Q. 아이들의 학교 모임에도 나가고 싶고, 학부모들과 소통도 하고 싶습니다. 조직관리를 해 야 하는 사람으로서 욕심이라는 건 알지만 어느 정도는 시간을 할애하고 싶습니다. 어 떻게 해야 할까요?

Q. 사춘기 자녀가 있는데 일 때문에 관심을 많이 못 가지고 있습니다. 대표님은 어떻게 그 시기를 보내셨나요?

Q. 일이 힘들 때면 스트레스로 저도 모르게 아이들에게 화를 내곤 합니다. 좀 더 현명하게 대처할 수 있는 방법이 없을까요? 아이들에게 너무 미안합니다.

Q. 오랫동안 한 가지 업무에 열중해왔으나, 이젠 무기력하고 더 성장하지 않는 자신에 한 계를 느낍니다. 하지만 새로운 일에 도전하거나 창업을 하기엔 너무 두렵습니다. 일을 관두고 싶지도 않고요. 어떻게 하면 좋을까요?

Q. 저는 슈퍼우먼처럼 가사와 바깥일을 동시에 잘 해왔습니다. 그러나 미혼 여성들이 치고 올라올 때마다 위기감을 느낍니다. 멘탈을 좀 더 강하게 단련할 방법이 없을까요.

Q. 수입이 보장되지 않는 전혀 다른 일에 재능과 흥미를 느꼈습니다. 뒤늦게 꿈이 생겼지만 간절한 마음입니다. 모든 걸 포기하고 돌아서는 게 맞을까요?